ビジネス会食 完全攻略マニュアル

すべての食事会を
成功に導く
最強の
実務メソッド

How to Entertain
Your Guests

著 yuuu

ダイヤモンド社

「2週間後に会食のセッティングをお願い！
4人で、いい感じの店の予約と準備を任せた！
じゃ、あとはうまくやっといてね！　よろしく！」

上司からの依頼。何度聞いても心臓の奥で嫌な汗が滲《にじ》み出るような、この瞬間。

そう、ビジネス会食の設定は、
誰にとっても避けたい「雑務」である——。
そのように考えている方が多いのではないだろうか。

結論から申し上げよう。
もしそう思っていたとしたら、大間違いだ。

事実、ビジネス会食の設定は、「雑務」と片付けられることが多い。
誰にでもできる面倒な仕事。やらされ仕事。
できるだけ避けたい、絶対に失敗できない仕事……。
普通の人は、このように考えるだろう。

しかし、たかが会食、されど会食。

実は会食では、段取り力やビジネスパーソンとしての機転や配慮など、少し考えるだけでも気が遠くなりそうな対応力が求められている。

「仕事ができるかどうかは、ビジネス会食や飲み会の仕切り力でわかる」

これは、揺るぎない事実だ。

あなたがビジネス会食を設定しているとき、周囲の人たちは、そのすべてを通じて、「あなたの仕事力」を測っている。

会食は、言わば「絶対に失敗できない、勝負どころ」なのだ。

しかし、そのことに気づいていても、
正しく対処できていない人はあまりにも多い。

「とりあえずお店は飲み放題にしておいて……会食中はビールのラベルを上に向けて、グラスが空いたらちゃんと注ごう。あとは当日失礼のないように気をつけなくちゃ……」

そんな、ビジネス会食初心者もいるだろう。

「最低限のことはできるけど、もっと評価されるためには、どうしたらいいんだろう」

このように考える上級者もいるかもしれない。

私はぜひ、そんなすべての方々に、本書を読んでいただきたいと考えている。

なぜか。

それは、「ビジネス会食」の力を、私が誰よりも信じているからだ。

私は皆さんに、この言葉を贈りたい。

ビジネス会食の設定は、
ビジネスの「基礎中の基礎」であり、
同時に、あなたの「創造力」を最大限に発揮できる、
最高にエキサイティングなビジネスシーンである。

実はこの力は、一度身につけさえすれば、
あなたの人生における、「最強の武器」になる。

私はこれまでの経験から、そう確信している。

この本の中には、すべてのビジネス会食に使うことのできる
徹底的に実務に裏打ちされた「会食メソッド」が記されている。

「会食メソッド」で大切なのは、
断じて、表層的なマナーや礼儀作法ではない。

大事なことは、もっと本質的なところに存在する。

それは、**相手への「想像力と確固たる意志」**。

これは、すべてのビジネスパーソンに欠かせない必須スキルだ。
そして会食には、そのエッセンスのすべてが詰まっている。

本書の「会食メソッド」を学べば、
あなたは会食にまつわる「本質的な視点」を身につけ、
すべてのビジネス会食を、成功に導くことができるようになるだろう。

この一冊があれば、会食のみならず、社内の飲み会、歓迎会、送別会、忘年会など、
飲食を伴うすべてのシーンにおいて、一切悩むことがなくなるはずだ。

本書には、そのための私が持ちうるすべてを記載した。

まずは次のページのリストで、本書で紹介する会食メソッドの一例を紹介しよう。

最低限押さえておきたいビジネス会食の準備リスト（一部を抜粋）

会食メソッド① 会食の背景／目的の理解・設定	確認
会食日時は決まっているか？ 決まっていない場合は誰がどのように決めるのか？	□
会食を設定するに至ったきっかけは何か？	□
会食を通して達成したいビジネス目的は何か？	□
会食を設定した場合と設定しなかった場合で 何を差として生み出すべきか？	□
会食における自分の役割／期待されていることは何か？	□

会食メソッド③ 周辺情報のリサーチ	確認
参加者全員のアレルギー・苦手なもの	□
キーパーソンの食の好み	□
会食・二次会の金額上限	□
ホスト・ゲスト間の費用負担割合	□
二次会の開催確度・準備要否	□
手土産・プレゼントの準備要否と予算	□
ゲスト参加者の家族構成	□

会食メソッド⑤ 会食店の選定・空き状況の確認	確認
会食メソッド④ で上司と合意した選定基準を満たしているか	□
上司と合意した予算条件に適しているか	□
参加者の「隠れ苦手」に該当しないか	□
選択理由がストーリーとして語れるか	□
携帯の電波が問題なく入るか（地下の店は要注意）	□

「本当に、ここまでする必要があるのか？」

そう思われた方もいるかもしれない。

もしくは、

「こんなにやることがあるなんて、面倒だ……」

「いきなりここまではできない……」

などと感じた方もいるだろう。

ご安心いただきたい。

本書を最後まで読み通したとき、あなたはこのリストに書かれた「基本動作」の意味を完全に理解し、会食が持つ意義・存在理由に心から納得しているだろう。

そしてその晴れやかな気持ちのまま、
スムーズに、かつ大胆に、アクションを起こせるようになっているはずだ。

周囲の評価も、上司の評価も、劇的に変わる。
そして何より、あなた自身が、大きく変わるだろう。

会食メソッドには、それほどの力がある。

本書にふんだんに記された「会食メソッド」のすべて。
さらには、筆者秘伝の会食における、たくさんの「応用技」。

この力さえあれば、今後あなたは、一切、すべての食事会で悩むことはない。

「会食メソッド」は、あなたの身を守る盾となり、道を切り開く剣となるだろう。

「会食メソッド」を完璧にマスターすれば、今より楽しく、エキサイティングで、素晴らしく輝く人生が、あなたを待っている。

そんな夢のような「会食メソッド」を、今からあなたに伝えよう。

はじめに

あなたは会食にまつわるこういった経験はないだろうか。

■会食のノウハウがわからず、上司にどうすればいいか質問をしたら、「会食くらい自分で考えろ」と返されてしまった

■コロナ禍で一度も会食の機会がなかったのに、いきなりセッティングを依頼されてしまってどこから手を付ければいいかわからない

■「たかが会食ごときで上司に相談するなんて恥ずかしい」と自ら上司に聞くことがためらわれる

どうすればいいかよくわからないから、適当に店を選び、適当に準備をして、「仕切りが悪い」と上司に怒られる。

その結果、会食が大嫌いになる。もう会食なんてなくなればいいのに。頼むから、自分に幹事を任せないでくれ。なんなら、もういっそお金を払ってもいいから会食のセッティングは他の人に振ってくれ……。そのようにまで思ったことのある方もいるのではないだろうか。

安心してほしい。**本書は、「ビジネス会食で絶対に失敗したくない」すべての方にとって最強の武器となる一冊**だ。本書で紹介する「会食メソッド」さえあれば、ビジネス会食はもちろんのこと、忘年会や送別会、社内飲み会など「すべての飲み会」を成功に導けると筆者は確信している。

さらに読者の方の力次第では、絶対に失敗したくないすべての食事会を、千載一遇のチャンスに変えることまで叶《かな》うはずだ。

本書は、新卒で大手広告代理店に入社し、その中でも最も会食・飲み会が多いテレビメディア担当を経験した筆者ｙｕｕｕ（ユウ）による、非公式の会食攻略マニュアルである。

広告代理店における「メディア担当」とは、主にテレビ局や新聞社といったメディア媒体社を担当する社員のことだ。「広告枠を安く購入したいクライアントＶＳ広告枠を少しでも高く売りたい媒体社」の綱引きの真ん中に立ち、利害調整をして、仲介料（メディアマージン）を得ることを使命としている。

媒体社から信頼を獲得し、他競合代理店を出し抜く良質な広告枠を仕入れるためには、ハードな交渉が求められる。ゆえに、強者《つわもの》ぞろいの広告代理店の中でも、最も肉体的・精神的な強靭《きょうじん》さが必要とされる部署でもある。
ビジネス会食は、媒体社との信頼関係構築に不可欠。極めて優先度の高い仕事であった。

本書における「会食メソッド」とは、「会食・飲み会の仕切り」が厳しく求められる大手広告代理店メディア担当という環境下で鍛え抜かれた筆者が、苦戦苦闘の末に身につけた、**「絶対に失敗したくない会食を誰もが成功に導けるノウハウの集大成」**のことを指す。

まず先に、元大手広告代理店というと「陽キャ・飲み好き・無限のバイタリティ」といった、いわゆる〝ザ・広告マン〟を想像するかもしれないが、実は筆者yuuはこれらの世間的イメージとは真逆の人間であることをお伝えしておきたい。筆者は大学院卒、非体育会系でひ弱、学生時代に入ったサークルは周囲のノリにまったくなじめず途中でやめたという経歴の持ち主だ。しかも、アルコールが体質的に1、2杯しか飲めない。

かつての私は会食の存在意義もまったくわかっておらず、ただただ会食中はつらくて仕方なかった。とにかく本当に嫌で、何度も逃げ出したい気持ちに駆られていた（実際に、逃げ出したことも幾度となくある）。

本書には、そんな飲み会が苦手で仕方なかった筆者が、「体育会系の極致」と言われる広告代理店メディア担当として挫折と成長を経て身につけた「会食メソッド」を記している。

会食経験の回数だけでいえば、日夜会食でスケジュールが埋まり続けている社長や役員などの役職者には敵《かな》わないかもしれない。しかし私は「会食をセッティングする一番下の立場」として、来る日も来る日も会食・飲み会を設定してきた。多い月には28回の会食。土日も含めて会食三昧《ざんまい》であった。

ゆえに本書は「**徹底的に実務に裏打ちされたノウハウ**」でもある。だからこそ私は、若手・中堅ビジネスパーソンの会食・飲み会セッティングの「実務的な悩み」に答えることができるのだ。

私が広告代理店から別業界の会社に転職した今でも、この「会食メソッド」は、縦横無尽に大活躍している。

会食こそビジネスパーソンの最強の武器

おそらく、ビジネスパーソンの多くは、うっすらとでも「会食」の重要性を理解していることだろう。しかし、その煩雑さ、面倒さから、会食を「できる限り避けたい」と思い、できるだけ重責を負うまいと、半ば無意識に避け、逃げ続けようとしてきてはいないだろうか。事実、筆者の周囲でもそのようにこぼしている者は多い。

もはや会食に限らず、ビジネスの現場において、すべての「食事会の設定」は「誰もがやりたくない、必ず発生する雑務」という確固たるポジションを築いていると言っても過言ではないだろう。

しかし、私はこれまで上場企業の社長から役員、現場の方まで幅広く会食をご一緒した中で、ある一つの確信を得た。

それは、「**会食こそがビジネスパーソンにとって最強の武器である**」ということだ。

若手のうちから顕著なビジネス成果を出すことは難しい。配属された部署によって自分の向き不向きもあるだろう。

その一方で、与えられたビジネス会食セッティングの機会を最大限に生かし、上司やゲストから高い評価を得られれば、それだけで自分の存在価値を認めてもらえるかもしれない。

会食は実は、千載一遇のチャンスなのだ。

そして、上司から会食設定を振られるときに気づいていただきたいのは、「実は、上司も会食設定を面倒だと感じている」ということ、加えて「その上司も若手の頃、面倒だと思いながら会食設定をこなしてきたからこそ、今上司として出世している」ということだ。

たとえあなたの業務スキルが未熟であったとしても、会食メソッドを磨いておくだけで、会社・上司から重宝される存在に昇格することができる。

いったんでも会食のメソッドを学び、身につけておくことは、ビジネスパーソンとして最強の攻撃になり、そして最大の防御にもなるのだ。

やり方次第で、会食は千載一遇のチャンスになる

かくいう筆者も会食で人生が大きく好転した一人である。

筆者の若手時代を知っている方は全員首がもげるほど頷《うなず》くと思うが、筆者は「ポンコツ」であった。それも、競合代理店である「博報堂の回し者」と揶揄《やゆ》されるほどに。

会社の上司からも、担当していた取引先からもまったく信頼を得ることができない日々が続いていたが、あるとき「何か一つでも成し遂げてやる」と発起して会食に全力を尽くしたことがきっかけとなり、徐々に社内外で認められるようになった。

時を経て、広告代理店からの転職を決めたある日。共にビジネスに取り組み、会食を重ねていた媒体社の局長から、「退職しても一緒に仕事がしたい。広告代理店に勤めていなくても、仕事を依頼するよ」と話を受け、少なくないフィーで業務委託の仕事を頂いた。

それだけではない。退職後、当時の他の取引先からも指名で仕事を頂く機会を数多く得ら

れたのだ。すべて、会食を共にし、信頼関係を築き上げてきた方たちからだ。

会社の看板を失っても、「仕事を一緒にしたい」と思ってもらえるほど強固なつながりを作れる。それが会食の最大の醍醐味《だいごみ》である。

「会食なんてビジネスに役立たない」

「会食に頼らないといけないビジネスなんて本質的じゃない」

新入社員時代の私は、このように考えていた。

そんな私が、会食を共にした方々に今も助けられている。

本当に、本当に何もできなかった私が、会食で人生が変わったのだ。新しいビジネス機会に恵まれ、素晴らしい転職の機会を獲得し、人生を共に楽しむ戦友に囲まれた。自ら作り上げたプロジェクトを通じて、世界の輪郭に手を触れるかのような感動の瞬間に立ち会えた。

会食を頑張ったから出合えたのだ。数えきれないほどのワクワクする仕事に、次の日が楽しみすぎて興奮が止まらない仕事に。

あの時、会食を単なる雑務として淡々とこなしていたら、今の人生は絶対になかった。

本書で紹介する「会食メソッド」を習得すれば、あなたの世界から敵はいなくなるだろう。断言しよう。会食は、あなたの最強の武器になるのだ。

会食メソッドは強力なビジネス打開策になる

かつての新型コロナウイルス感染症の大流行が社会にもたらした意外な副作用がある。それは、コロナ禍で「三密」環境が禁止された結果、今まで会社の上司から部下に一子相伝的に引き継がれていた会食ノウハウの伝承が途絶えたことだ。

ただでさえ働き方改革が進む昨今である。ビジネススキル全般の指導を受ける機会はあっても、会食設定の指導まではされなかった読者も多いのではないか。

そんな、会食シーンにおいて限定的な知識・経験しか積めていない読者であっても、本書を読むだけで「会食の核心」を会得できるようになるよう、執筆したつもりだ。

中にはそれでも、「会食なんて前時代的だ」「結果さえ出せばそれでいい」と考える読者の方もいるかもしれない。そういった方にも、本書は強くお勧めできる。

私は、この令和の時代だからこそ、あえて戦略的に、会食をはじめとした「昭和的コミュニケーション」を取ることを強く推奨したい。

現代において、**「昭和的な価値観」は逆説的に差別化要因**になった。働き方改革が推進される昨今、コンサルティングファームや広告代理店をはじめとしたハードワークを厭《いと》わない会社でさえも労働時間が厳格に制約され、その結果、若手ビジネスパーソンはビジネススキルを実践で磨く機会を得がたくなった。

つまり、成長できると謳《うた》われる有名企業に勤めたとしても、成長機会を得られるとは限らない時代となったのだ。

では、成長機会を与えられる存在になるためにはどうすればいいか。

結論から言うと、上司とクライアントから「高く」評価されることが不可欠である。

そして、労働時間削減によってビジネススキルだけでの差別化が難しくなる中、最たる差別化要因になるのは、結局、上司・クライアントとの人間的・精神的なつながりだ。

ここで、「昭和的」ともいわれる会食・飲み会スキルが極めて効果的に働く。

コロナ禍を経ても、会食・飲み会の場は消えなかった。周囲が真似できないほどの「堅牢《けんろう》な人間関係」を構築するために、すべての食事会は、人間にとって不可欠なものなのだ。

会食・飲み会こそ、自分の素を理解してもらい、ギャップを埋めるうってつけの機会だ。昭和的価値観を戦略的に取り入れるメリットは、この点にある。昭和的コミュニケーションは、成長機会の獲得はもちろんのこと、自分が社会で本当にやりたい仕事にたどり着くための『通行手形』となり得るからだ。

一見古くさく、雑務のように思える会食でも、あなたの工夫次第で「参加者全員が一生忘れない最高の思い出」に変わる。本書の会食メソッドに全力で取り組めば、人生が変わっていくはずだ。

「全員の記憶に残る芸術作品を作ってやる」くらいの気概で会食をデザインしよう。

百戦錬磨の猛者にもまれて手にした「会食を制する」ノウハウのすべて

■ 本書が提供する価値

本書が読者に約束する価値は、次の3点である。

■センスが一切必要ない、一生モノの「実務に裏打ちされた会食メソッド」が手に入る。
■クライアントが大満足し、上司から評価される仕切りができるようになる。
■あなたのビジネスライフ、ひいては人生において、すべての食事会を千載一遇のチャンスに変えられるようになる。

そのために、本書は次のように構成した。

第1部：すべての会食・食事会に通ずる原理原則を厳選して解説
第2部：手順に従うだけで成功に近づく 会食メソッド 事前準備編を時系列で体系的に紹介
第3部：会食当日と終了後の最適な振る舞いについての暗黙知を 会食メソッド で言語化
第4部：実践的なケーススタディを通じて 会食メソッド の理解を深め、血肉とする
第5部：忘年会や送別会をはじめとした古今東西すべての食事会への対処法を網羅

また、すべてのパートにおいて、多数の事例や、さまざまなチェックリスト・フォーマットを用意した。特に、特典の「**会食メソッド一覧表**」はぜひご活用いただきたい。会食メソッドの内容を凝縮したのがこの一覧表だ。本書を読む前でも十分役に立つはずだが、読後に見ていただくと、その効果はさらに増大するだろう。

加えて特別特典として、365日ほぼ毎日外食生活をしている筆者が徹底的に厳選した

「珠玉の会食店・困ったときの『ハズさない店』・手土産リスト」を提供する。筆者はX（旧Twitter）でお勧めの飲食店を紹介しており、特別特典ではその中からさらに厳選した超名店を掲載した。本書の刊行以降も不定期で更新する予定だ。会食に活用できる店はもちろんのこと、1人6000円以下のコストパフォーマンスに優れた店まで知ることができ、これから会食・飲み会・デートの店選びに困らない人生が始まるだろう。

■ 本書の特徴

1 他の追随を許さないレベルに磨き抜かれた体系的な会食メソッド

本書は便宜上、「若手ビジネスパーソン」を対象にして会食メソッドを記している。だが、筆者がこれまでの経験から導き出し、言語化した会食メソッドは、年に数十回〜百回以上会食をこなす「百戦錬磨の会食現役世代」にとっても新しい学びがあるはずだと信じている。本書にはそういった応用技も多様に収録した。

内容も、初心者が迷いやすい「事前準備」においては、日程調整、店選びや、予約・下見の作法、会食後の費用関係の処理実務、そして二次会対策など細部にわたって網羅的に記載した。また、「会食当日」においては、会食の効果を最大化するための振る舞い方やコミュニケーションの技術を、さらには会食を終えた後の「翌日対策」などを幅広く紹介している。加えて、会食メソッドにとって他ならぬ役割を持つ「手土産・プレゼントの選定」も余すところなく記載した。

すべての食事会の中でも難易度の高い「会食設定」を学んでおけば、他の食事会への対処は間違いなくラクになるだろう。

本書の内容をもとに上司・先輩の前で振る舞えば、あなたの評価は一段と向上するだろう。

2 多様な用途　シーン別対策・社員教育・アルコールに弱い人向けの戦略

本書は、忘年会・送別会・歓迎会・社内飲み・カラオケについてそれぞれの完全攻略法も網羅している。会食だけに限らず、地域の会合、冠婚葬祭などその他すべての食事会でもご活用いただきたい。

また、本書を社員教育に活用していただくことも可能だ。多忙な役職者の方も、部下の方とともに本書の実務内容を共有すれば、今日からすべての会食・飲み会に対応できるはずだ。そのための網羅性と高い検索性を念頭に、本書を執筆したつもりである。

また、本書はお酒を飲めない読者も対象にしている。なぜなら、筆者自身がたったのビール2杯で限界が来るほど「体質的にお酒を飲めない」人間であるからだ。**アルコールに弱い**

方でも、会食で大活躍できる術《すべ》を身につけることはできる。したがって本書の記載は基本的に、アルコールに弱い筆者だからこそわかる「下戸のための会食立ち回り術」だ。

3 会食・飲み会の機会がすぐになくても、知っておいて損しない本質的な知見

本書は、古くから脈々と続いてきた「人と食事をするシーン」すべてにおける本質的な情報を軸に構成した一冊である。

会食と聞くと中にはハードルが高いと感じる方もいるかもしれないが、実は「ビジネス会食」に関する実務は、すべての食事会の設定時はもちろん、**あなたがゲストとして参加するときにおいても応用・活用可能**なものだ。

あなたが過去に参加して「楽しい気持ちになって帰ってきたすべての食事会」は、おそらくほぼ確実に「誰かがそのためのきめ細やかな実務を、愚直に実践し、実現したもの」だと言っても過言ではない。たとえすぐに自分が会食を設定する側にならなくても、本書に記した知識を携えて、今一度、会に参加してみてほしい。本書の読後、すべての人の振る舞いの見え方が大きく変わるはずだ。

これまで気づけなかった世界を知覚すれば、自然と他者への敬意が芽生えるだろう。その知識が、あなた自身の血肉となって生涯あなたを支える。そして今度はあなたが、誰かを支

える側になれるはずだ。本書の内容を知っておいて損することは、一切ないと断言しよう。

■本書の対象者

次のようなビジネスパーソンにこそ、本書は特にお勧めをしたい。

■ビジネス会食で絶対に失敗したくない新入社員から若手・中堅社員
■社内飲みや送別会・忘年会などの幹事を担当することになった人
■社会人の「すべての食事会」における振る舞いを学ぶ機会がなかなか得られず、このままでは不安だと少なからず感じている人
■上司やクライアントが自分のことを理解してくれないと日々感じる若手社員
■よりゲストの心をつかみ、ビジネスを推進できるようになりたい人
■転職・転勤・引っ越し・起業・独立、その他さまざまな理由でこれから新しい関係を構築する必要に迫られている人
■会食の作法を部下にレクチャーしたいが、「どうすれば伝わるのかわからない」管理職
■管理職に昇進し、会食の機会が増えたため改めて会食作法を学び直したい人
■「女性はお酌をしなさい」のような時代遅れの価値観に不満を持つ人

■本書のお勧めの読み方・使い方

まずはぜひ一度通読していただくことをお勧めしたい。

繰り返しになるが、百戦錬磨の会食猛者がいる大手広告代理店のフィールドで、私が学んだ「会食を制する」ノウハウのすべてを余すところなく記したのが本書だ。数回の会食の経験だけではなかなか気づけないような細部に至るまで、本書では丁寧に言語化してある。まずはぜひ、その価値を存分に味わっていただきたい。

ただ、直近に会食を控えていて、すぐに一冊を読み切る時間が取れないという方は、ざっと必要な部分をさらうだけでも十分に本書の価値を体感していただけるはずだ。その際には、目次と特典をご活用いただきたい。

読了後は、いつ突然起こるかわからない「会食設定」タスクに備えてデスクの引き出しに入れておいても、日常生活で辞書的に活用いただいても、あるいは、新任の部下のデスク上に優しさを込めてそっと置いていただいてももちろん構わない。いずれにも対応できて、かついつまでも長く使えるような、錆《さ》びない情報を軸に本書を構成した。

本書のメソッドに関する意見・感想・提案や、異論・反論も大歓迎だ。加えてぜひ周囲の方々とも、「最高の会食メソッド」について熱い議論を交わしてほしい。そうして会食メソッドがさらに磨かれ、日本経済がより活性化すれば、筆者としてはこの上ない喜びである。

あらかじめ申し上げておくと、私自身は広告業界・会社を代表して何かを語れるようなビジネスパーソンではなく、本書も私の長期間にわたる経験と実践に基づいた完全非公式のガイドである。加えて私が所属していた広告代理店は働き方改革を推進しており、社として諸手を挙げてこういった業務を推奨しているわけではないことも明言しておく。

なお、エピソードは私の経験した実話をベースとしているが、特定の回避とプライバシーの観点で登場人物をすべて仮名とし、一部において脚色を入れている。すべてのエピソードは実在の個人や団体、会社に紐《ひも》づくものではなく、またエピソードで登場する過激な教育は現在は一切行われていないことを明記しておきたい。

本書をきっかけに、少しでも多くのビジネスパーソンが会食を「面倒な雑務」から「千載一遇のチャンス」と捉え直し、前向きに取り組めるようになることを願っている。

それでは、面倒で深遠、でも最高にエキサイティングな、会食の旅に出かけよう。

ビジネス会食　完全攻略マニュアル　目次

第1部 ビジネス会食 原理原則編

第1章 ビジネス会食の「核心」

表層的なマナーにとらわれない会食の本質

第2部 会食メソッド 事前準備編

第2章 初日 早急な対処で失敗の確率が飛躍的に下がる4つのタスク

第3章

会食2週間前まで

参加者満足度の総和を高める「店選定」4つのタスク

第4章

会食3日前まで
付加価値を生み出す2つのタスク

第5章 会食「2日前」

最後の仕上げで完璧な会食をデザインする

第3部
会食メソッド　会食当日編

第6章
会食中のマネジメント
絶対に失敗しないための立ち振る舞い

第7章　会食中のコミュニケーション
会食の効果を最大化する会話の極意

第8章

二次会・翌日対策

会食の成果を倍増するクロージングの作法

第4部

会食メソッド　ケーススタディ

第5部 会食メソッド シーン別・全食事会完全攻略

序章

「博報堂の回し者」と呼ばれた男
——筋金入りのポンコツ社員が起こした奇跡の逆転劇

この章では、私がビジネス会食の「核心」とどのようにして出合い、極めるに至ったかを記したい。

本書を手に取った読者の皆さんの中にはもしかすると、そもそもなぜ私がここまで「会食」メソッドを探求し、極めることになったのか、気にかかっている方がいるかもしれない。

「はじめに」でもお伝えしたが、私は当初、会食が大の苦手だった。嫌で嫌で仕方なくて、何度も逃げ出したいと思っていた。

そんな私が本書を執筆するまでに成長できたのは、私がかつて広告代理店で挫折を経験し、周囲の尊敬すべき先輩や媒体社、クライアントから助けられ、学び、成長したからだ。一度読んでいただければ幸いである。

早く本書のメソッドを学びたいという方は、この序章を飛ばして、第1部（58ページ）から読み進めていただいて構わない。

非体育会でひ弱な私が、体育会系の極致に配属

とある年の5月2日。待ちに待ったこの瞬間。配属発表だ。

私yuuuは、華やかな広告代理店生活への希望に胸を膨らませていた。

京都の大学院でマーケティングを研究。卒業後、第1希望の大手広告代理店に内定した。メディア業界自体にそれほど興味はなかったのだが、志望の決め手となったのは「人」だった。大学同期に紹介してもらい、京都から東京まで会いに行った未来の先輩が、あまりにも恰好良かったのだ。

「君と一緒に働いてみたい。応援している」

精悍《せいかん》な顔つきをしたその方は私にそう一言伝えた後、「中に応援のメッセージを書いてあ

る。よかったら帰りに読んでほしい」と封筒を渡してくれた。

京都へ帰る新幹線の中。封筒を開けてみる。

そこには、「頑張れよ」と一言書かれたメモ。

そして、往復の新幹線代全額が入っていた。

大学の後輩でもない、コネも一切ない。ただ1時間面談をしただけの私に対してここまでしてくださる方がいるのか。こんな「粋」なことができる人物になりたい……。

今思うと、私の一本気な性格が奏功したのだろう。就職面接ではそう熱意を伝え、内定を獲得した。

しかし、その後私を待ち受けていたのは、完全に想定外の運命であった。

私が配属されたのは、「テレビメディア部」。

テレビメディア部……それは、広告代理店の中でもテレビ局との会食の多さ、上下関係の厳しさから「体育会系の極致」と恐れられるセクションだ。その厳しさに耐えられるであろう、筋骨隆々としたとびっきりの体育会系人材が、会社中、いや日本中から集められる、会社の屋台骨の部署。私は配属を聞いた瞬間、思わず眩暈《めまい》がした。ただ純粋に「人」への憧れで入社した広告代理店。そこで、体育会所属の経験がないひ弱な自分が、体育会系ばかりのテレビ担当に……。

ついたあだ名は「博報堂の回し者」

私のトレーナーを務めることになった久保田さんは、その圧倒的な仕切りとテレビ局からの絶大な信頼から、チーム最年少で準キー局を担当していた部のエースであった。久保田さんのスタイルは社内でも異色であった。働き方改革前、長時間労働が今より容認されていた時代において、ほぼ定時に退社をしているにもかかわらず、圧倒的な成果を上げている、規格外のスター社員。それが、久保田さんだった。

私に対しても、そのスタイルは同様だった。長時間労働を是とせず、仕事を早く終わらせて帰れと常に言っていたし、一切の妥協を許さない厳しさがあった。

私は入社後テレビ局を担当することになったが、とにかくすべての仕事が壊滅的にできない社員だった。言葉遣い、仕事へのスタンス、テレビ局との交渉の仕方、飲み会・会食での振る舞い方……。それでも久保田さんは「自分で考えて身につけろ」と、私に言い続けた。

私の悪行はそれだけではなかった。責任を取引先に押し付ける。失礼な相づちを連発する。そんなポンコツ社員だった私が流してしまった仕事は、一つや二つではない。

極めつきは、ある事件だ。常に睡眠不足で疲弊していた私は、うっかりある重要な社内ファイルを削除してしまい、復元不可能にしてしまったのだ。

そしてついたあだ名は「博報堂の回し者」。仕事で価値を生み出すどころか、競合代理店の差し金かと揶揄されるようになった。私のプライドは砕け散った。

新入社員が対応すべき簡単な仕事さえ久保田さんを頼ってしかできない私は、ある日1on1ミーティングに呼び出された。

「今、お前は担当先から信頼を失いつつある」

久保田さんの言葉に、私は悔しいながらも、言い返すことができなかった。本当にその通りだったからだ。

「今のお前は目の前の仕事を頑張るだけじゃだめだ」

そこで久保田さんから下されたのは、耳を疑うような、驚きの指示だった。

「担当者を会食に誘って、立て直せ」

ポンコツ社員に残された希望「会食の仕切り」

久保田さんの命によってテレビ局との会食をセッティングするようになったが、私は、この会食セッティングの意義を当初まったく理解できていなかった。

なぜ会食に参加しなければならないのか。そもそも日中顔を合わせている相手と仕事が終わった後も一緒に飲むメリットは何なのか。会食なんか時代錯誤な昭和の文化で、なくすべきではないか。頭の中をそのような考えが巡り続けていた。

うまくいくことはほどんどなかった。

「Nテレビの吉田部長がその日誕生日だから、会食後に行く二次会のカラオケで本人が喜ぶよう準備しといてくれ」

久保田さんにそう言われた私は、生活雑貨を扱うLOFTで誕生日バルーンやキャンドルなど、さまざまなグッズを買って店内を装飾した。「これで吉田部長も久保田さんも喜んでくれるかな」。そう思った（当時はこれでいいと思っていたが、今思うと大学生のクリスマス会以下の、みすぼらしい装飾であった）。

結果は大惨事。Nテレビの吉田部長は「なんだこのチンケな装飾は」と言い、テーブルを大きく叩いた。久保田さんは私の代わりに平謝りしていた。

よかれと思ってやったはずが、逆に場を壊してしまったのだ。その場で溶けていなくなりたかった。

二次会を終えた後、久保田さんから叱責を受けると覚悟していたが、意外にも久保田さんは優しかった。

このときの久保田さんの言葉が、今の私の核になっている。

「お前なりに吉田部長を喜ばそうと思って頑張ったんだろ。だったら別に問題ない」

「でも、こういうときは相手のことを事前にリサーチして、相手の情報と会食の目的・背景は把握するべきだな。相手が何に興味を持っていそうか、今どんなライフステージを歩んでいるのか、そもそも俺がなぜ吉田部長と会食をしているのか、とかな。」

「何より、相手に高い興味・関心を持って、どうすれば喜ぶか『想像力』を使ってほしい」

「あとは事前に上司、今回でいえば俺に、会食に向けて何をするのか予め確認して合意をとってほしい。たとえば紙一枚にまとめて承認を取るとその後のアクションが明確化するぞ。今回そうしてくれていたら俺がリカバリーできたな」

「最後に、持つべきは自分の中での『確固たる意志』だ。会食はつい、流され仕事でこなしてしまいそうになるけど、それではダメだ。次は自分なりに目的意識を持って、どう会食をデザインするのか考えてみてくれ」

久保田さんは、ここまで考え抜いていたのか。

「想像力」、そして「確固たる意志」。会食の核心に触れた気がした。

会食の「核心」をつかんだ私は、涙を流し続けた

この久保田さんのエッセンスを体得してから、私は徐々に会食に前向きになり、自分なりの工夫を考え始めるようになった。

「想像力と確固たる意志」

この言葉を胸に会食をデザインするにつれ、私は徐々に、ビジネス会食をうまくこなせるようになっていった。

そして、会食を通じて多くの人と繋《つな》がりができ、幾度もの会食設定を経験し、だんだんと仕事もうまく回り始めるようになった頃の、ある会食でのこと。

某消費財メーカーとのビジネス会食。育休から復帰されたばかりにもかかわらず、会食に参加してくださった男性ゲストがいた。私に対して日頃厳しくも、信頼してお仕事を託してくださっている方だ。私たちとしても無理してご参加いただかないようにお伝えしたのだ

が、それでもご本人は会食に参加すると仰ってくださった。

私は想像した。

そのゲストは、ご家族での時間、子どもの成長を見守りたい今この時にも、この会食に参加してくださっている――。


私は、そのゲストに、あるプレゼント兼手土産を用意した。

それは、「ベビーモニター」。赤ちゃんの様子をいつでも見守れる、家庭用のモニターだ。

「この方は、きっと今後も同じように、自分のプライベートよりも仕事を優先するだろう」

「とはいえ、本当は生まれたばかりの自分の子どもと、もっと時間を過ごしたいはずだ」

「どんなときでも、常に子どもを見守り、笑顔を見られたら、きっと嬉しいのではないか」

「しかもゲストは共働き家庭。ベビーシッターなどに子どもを預けるときもある。そんなときにも、少しでも安心してもらえたら」

そんな精一杯の思いを込めてお渡しした。


結果は大成功。

「今まさに欲しいと思っていたものです！　こんなに私のことを考えてプレゼントを選んで

くださりありがとうございます。感動しました」と期待以上に喜んでもらうことができた。

私は、大きな手応えを感じていた。

実はこのプレゼント兼手土産は、会社規定のプレゼント予算を遥かにオーバーしていた。それもそのはず、モニターは高性能の最新式。久保田さんにも「予算にはまらないから別のプレゼントにしろ」と言われていた。

それでも、自分はこのプレゼントを絶対に渡したい。そう考え、予算が足りない分のカンパを部内で募り、購入した。

すべて自分の、確固たる意志だ。


さらに一つ、質問を受けた。

「あと、もしかしてなんですけど……会食の当日に私たちの製品を店に置いてくださったりしてないですよね？　全部私たちの製品で統一されていて、そのほとんどが新品だったものですから……」

私はハッとした。そして苦笑いしながらこう答えた。

「皆さんの製品に囲まれた生活が大好きなので、つい……」

遡《さかのぼ》ること数日前。

私は、一足先に会食する予定の店にいた。

「事前に店のトイレタリー用品をすべてクライアントの製品に変更できないか」

こう、店に相談するためだ。

「大切なお客様との会食なので、その当日だけは、私たちが提供するお客様の製品に変更していただけないか……」

熱意を持って伝えた。結果、店はご厚意で快諾してくれた。

会食当日。店のトイレタリー製品はすべてきれいに、クライアントの会社の製品にそろえられていた。「もしかしたらクライアントが喜ぶかもしれない」。そう密《ひそ》かに考えた私は、裏でゲストに喜んでもらうための秘策を、実行していたのだ——。

会食当日はその話にはならなかったが、私は「まあ、別にいいか」と思っていた。

目の前のゲストが、話し始める。

「ｙｕｕｕさんらしくて素敵ですね。でも、そこまでしなくて大丈夫ですよ！」

そう、ニコニコした声でフィードバックをいただいた。

そしてなんと、その1か月後。

そのクライアントからの発注額が、当初想定していた予算の2倍に増えていたのだ。

もちろん、この会食がどこまでの効果を発揮したのかは未知数だ。クライアント事情の単なる変更かもしれない。私はただ、会食を設定しただけだ。

それでも、こういった心意気を、見ている人は見てくれる。

相手への「想像力と確固たる意志」。この積み重ねが、ビジネスの打開策につながっていくと知った。

ある日のタクシーの中、久保田さんは私にこう言った。

「お前は確かに不器用だし、空気が読めないところもある」

「でも、みんながお前のことを応援していたよ。お前がここまで考え抜いて準備したこの会食を、全員が見ているからな」

涙が止まらなかった。
何もできなかった自分が、会食を通じて認められた。その瞬間だった——。

ここに記したストーリーは、私の若手時代の実際の経験をもとにしている。まったく出来の良くない、来る日も来る日も惨めで仕方なかった私を、かつて見捨てずにいてくれた久保田さんがいなければ、私のキャリアは今のように進んでいなかっただろう。

断言しよう。

会食は最強の武器だ。
会食・飲み会を制することができれば、あなたの世界から敵はいなくなる。
それだけではない。充実感に満ち溢《あふ》れた歓喜の瞬間が、待っているのだ。
この武器を手にして、あなた自身の人生、そして世界の幸せの総量を増やしてほしい。

第1部

ビジネス会食 原理原則編

働き方改革が重視され、上司に部下への懇切丁寧な指導が求められている昨今においても、会食のセッティングはいまだ「センス」として片付けられてしまう傾向にある。

若手の立場としても「会食のセッティングの仕方を教えてください」と上司に聞くことに、恥ずかしさ、抵抗感を覚えることも多いのではないか。

こういった事態を避けるために、まず重要なのは**「ビジネス会食」という場についての解像度を高める**ことだ。第1部ではビジネス会食の目的、定義、その存在意義、背景などについて説明していこう。

さて、先述のエピソードでもおわかりいただけたかとは思うが、筆者は、謙遜ではなく、まったく仕事ができない典型的なダメ社員であった。上司からは「博報堂の回し者」と呼ばれ、他にも、「採用ミス」「コネ採用」（実際にはそんなコネなどまったく持っていなかったのだが）さらには「名誉博報堂社員」という競合代理店として不名誉この上ない称号を獲得していたのだ。葛藤を抱えながらもどうすればいいかわからず、先輩社員からは呆《あき》れられ、光が見えない状態であった。

このときは、まさか会食が自分の強みとなり、今後の人生を切り開くカギになるとは思ってもいなかった。

会食こそビジネス最強の打開策だ。

ぜひ会食メソッドをマスターし、ビジネスを好転させていこう。

本書における用語整理

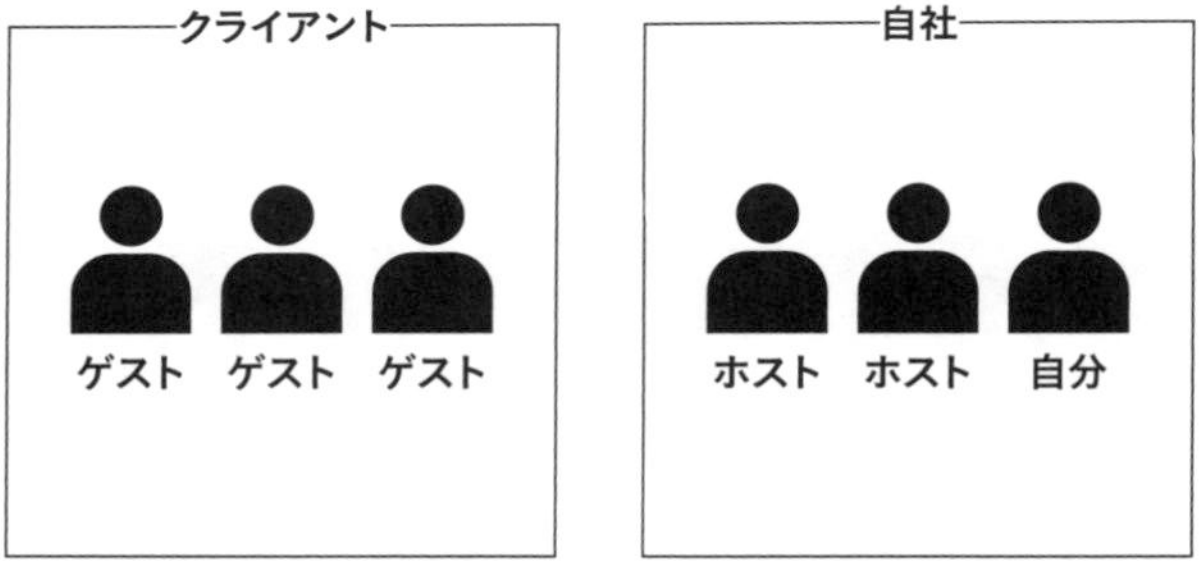

本書では便宜上、会食をセッティングする自分を含めた自社の人間のことを「ホスト」、参加いただく相手、つまりクライアント企業の参加者個人を「ゲスト」と呼んでいる。企業が主語の際にはそれぞれ「自社」「クライアント」と用語を使い分けている。

第1章

ビジネス会食の「核心」

表層的なマナーにとらわれない会食の本質

さて、筆者の見解では、会食に対して苦手意識を持つきっかけは大きく分けて2つあると考えている。

1 会食の意義・目的を自分で理解できていない

「なぜ会食をしないといけないのか」が自分の中で消化できておらず、かつ上司からも伝えられないまま会食の場に参加もしくは呼ばれ、大して楽しくもない中で二次会や三次会に無理やり付き合わされる。

2 なんとなく「それくらい一人でできて当然」という空気がある

周囲の人にアドバイスをもらわずに自己流で会食をセッティングし、その結果、「仕切りが悪い」などネガティブな反応をされる。

これらの問題は、すべて、会食の「核心」をつかむことで、急速に解決に向かい始める。そして繰り返すが、この「核心」はあなたが参加するすべての食事会に共通するものだ。

本章では、ビジネス会食の理解度・解像度を急速に高めるための、「核心」を紹介していこう。

ビジネス会食は「自分が相手をどれほど大切にしているか」を伝える場

会食で最も重要なことは、「いい店を選んで上司やクライアントに満足してもらう」ことだと考える人も多いだろう。しかし、会食の店や場所の選定はもちろん重要なポイントであるものの、最重要事項ではない。ビジネス会食の本質は別のところにある。

結論から申し上げると、**ビジネス会食の本質とは「自分がクライアントをどれほど大切にしているかを伝える」ことだ**。言い換えれば、会食とは「ゲストが、自分や自社にとってどれだけ大切な存在であるかを間接的に伝える場」である。

つまり、「ゲストが喜ぶために、どれだけ想像力を働かせて場を用意したか」こそが、ビジネス会食における成功の重心だ。

これは、本書全編を通じた会食の本質であるので、よく心に刻んでほしい。「想像力と確固たる意志」が必要とされるのである。この本質は会食のみならず、あなたが参加するすべての食事会において共通する「核心」だと心得てほしい。

よくある誤解として、会食＝接待というイメージが挙げられる。これらを同義として扱う書籍もあるが、私は「接待」は「相手に対して徹底的に貸しを作る場」としての意味合いを持つと考えている。本書では意図的に会食と接待の定義を使い分けている。ほぼ全額をホストが支払う接待と異なり、ビジネス会食の費用負担は、割り勘から持ち合いまでさまざまだ。

その目的の違いから、会食設定のタイミングについては、できるだけ慎重になったほうがいいだろう。特に取引を開始したばかりのときや、競合コンペの直前での会食設定などは「会食でビジネスを有利にしようとしているのではないか」と勘繰られる危険性が高い。会食はビジネス目的達成のためであるものの、自然に会食を楽しめるタイミングに設定しなければ逆効果となる可能性まであるのだ。

ここまでで会食の本質をご理解いただけただろうか。次に本書における「ビジネス会食」の定義について、念入りに確認をしておきたい。

会食とは「経費を使って、ビジネス上の差異を生み出す食事会」

世間一般にはおそらく厳密な定義はないが、私は独自にこう定義・分類している。

■ ビジネス会食：会社の経費を使って開かれるもの
■ 飲み会（社内・社外ともに）：参加者自身が費用を払うもの

この「会社の経費を使うか、否か」で生じる差分は何か。

私は、会社の経費を使う以上は、次の3点を念頭に置いておく必要があると考えている。

1 ビジネス上の目的を設定する

ビジネス目的のない会食はビジネスの推進に繋がらないため、経費ではなくプライベートで各自お金を出し合って開催すべき「飲み会」だ。

2 ゲストファーストである

「ゲストのことを考えず、ホスト（自分）が行ってみたい・お気に入りの店に行く」自分本位な会食はあり得ない。会食はゲストに喜んでいただくために想像力を張り巡らせて「ゲストファースト」な場を用意すべきだ。自分の興味・関心や欲を満たすのに会社の経費を使うのは言語道断である。

3 会食の前後で差異を生み出す

会食があった場合となかった場合で差があるべきだ。獲得目標を常に念頭に置き、会食の前後で「何かが変わっている」ことをホスト間の共通認識としておきたい。

なお、会食の目的を「相手と仲良くなること」とのみ定義する書籍もある。これももちろん間違ってはいないのだが、私はすべての会食・食事会で、必ずビジネス目的を設定するように推奨している。

その理由は、会食開催後の効果検証が可能となるためだ。**「仲良くなれたかどうか」は検証が難しいが、「会食後、ビジネス目的が達成できたかどうか」は検証可能**である。「仲良くなった先に何を達成したいのか」という目的を意識してビジネス会食をアレンジすることには、この点で大きなメリットがある。

食事を共にして、全ビジネスの原動力「個人の熱量」をつかむ

会食があった場合となかった場合で、ビジネス目的の達成の難易度が大きく変わる。これは紛うことなき事実だ。

筆者もこれまでノイローゼになりそうな交渉や胃がもげそうな困難を、会食を通じて乗り越えてきた。そのどれもが、会食がなかった場合には乗り越えられなかったと確信をしている。それだけ、顔を合わせて食事を共にし、楽しい時間を過ごすことは重要なのである。

人間は感情の生き物だ。目の前の相手から「自分はあなたを大切な存在と思っている」「自分は梯子《はしご》を外すことは絶対にせず、最後まであなたと共に仕事をする」という姿勢を間接的に伝えられると、人間はその人を無下《むげ》にはできない。

あなたにも何か、心から成し遂げたいことがあるだろうか？　令和のビジネスシーンにおいて最も差別化につながるのは、ビジネススキルではない。いかに堅牢な人間関係を構築できるかだ。

その手段として、会食は有効だ。強固な信頼関係を築くためには、ビジネス以外での接点を持つことが必要不可欠である。「同じ釜の飯を食う」という言葉があるように、人間は古くから食事を共にすることで共同体の帰属意識を高め、心理的距離を近づけてきた。どれだけビジネスの合理化が進もうとも、ＡＩの時代が来ようとも、こういった人と人との繋がり、飲食を共にすることで生まれた熱がビジネスを動かしていくことに変わりはないだろう。

つまり、**「食事を共にした人間を大切に扱う」のは強度がある価値観**なのだ。

■ビジネスの意思は〝個人同士〟が決めている

法人のビジネスはどのようにして動くか。その意思決定において最も重要なポイントは、実は、**「個人の熱量」**だと私は考えている。

一般的には「投資対効果」、つまりその取引をした後にどれだけ利益を生み出せるかがカギになるというのが、教科書どおりの回答だろう。

しかし現実には、そうとは限らない。なぜなら、意思決定がなされる取引の現場は、究極的には「法人対法人」ではなく、**法人の中にいる「個人対個人」の向き合いで成立する**ものだからである。

仮に法人の利益に資する提案であったとしても、「意思決定や稟議《りんぎ》を上げる〝個人〟として面倒と感じる」、ないしは「〝個人〟の仕事にネガティブな影響が及ぶ」取引は、極めて成立しにくい。

つまり、ビジネスを前に進めるためには、①「法人としての利益」だけではなく、②「目の前に対峙する、法人の中の〝個人〟の利益」を注視し、この2つに資する提案をする必要があるのだ。

ビジネス会食は、この②「目の前に対峙する、法人の中の〝個人〟の利益」に対して、効果的に作用する。つまり、〝個人〟に対して、自らが資する存在であることを示す強烈なビジネス打開策となり得るのだ。

実際、筆者も、ビジネスが厳しい状況のときに何度も会食に助けられた経験がある。成立しないと思っていた契約が急転直下でうまくまとまる、重大なトラブルを乗り越えられる、それも、取引先と敵対せず、共に立ち向かうパートナーとして乗り越えられたというような経験は、両手では数えきれない。

会食の場「だけ」で目的を達成してはならない

たとえば、ビジネス会食における目的を「3か月後に開催される競合コンペの有益な情報をクライアントから聞き出し、勝利に繋げる」と設定したとしよう。

この場合（特に会食初心者がやりがちなのであるが）、酒が進んだ後に、ここぞとばかりに情報を聞き出そうとするのは悪手である。にもかかわらず、実際の会食の場では無粋と思われる言動が散見されるのだ。それも悪いことだと気づかずに。

その主たる原因は、2つある。

■ ビジネス目的の切迫性

目的達成が切実であればあるほど、つい聞いてしまいたくなるものである。そこを忍耐強く、聞きたい気持ちをグッと抑えきれるかが会食の成否を分ける。

■ 不適切な量のアルコール摂取

自分のアルコール許容量を超えて飲んでしまった結果、気が大きくなり、クライアントとの距離感を見誤って失言してしまう。これは若手だけではなく、ベテランでもありがちだ。

もし会食の場で無邪気に聞いた場合、果たしてどうなるか。

実は、「会食中の礼儀も知らない失礼な輩《やから》」と見なされ、「重要な情報を伝えるべきでない」とガードを張られてしまう可能性すらあるのだ。

これは、自分が会食の誘いを受ける側に回るとわかりやすいかもしれない。たとえば誘った側が費用を負担する会食で、相手が、「自分たちが奢るから」と、ここぞとばかりに会食中に情報を聞き出そうとしてきたら、自分はどう思うだろうか。「会食の人間関係でうまく丸め込もうとしているのか」「こいつらは飯を奢ったからといって貸しを作った気になっているのではないか」と不信感を持つのが自然だろう。

具体的には次のようなタイミングでの会食設定は避けたほうがよい。

- ■ 競合コンペの情報解禁後
- ■ 競合コンペのプレゼン後、結果発表前
- ■ 取引が開始した直後
- ■ 自社がトラブルを起こした直後

誤解のないようにお伝えしておくと、もちろん、**相手が会食を楽しんでくれた結果として積極的に情報を開示してくれる分にはまったく問題がない。**そのように、相手側のアプローチによってビジネス目的が達成されることは、むしろ望ましい。トラブルとなるのは、あなたが意図していようがいまいが、「酒の場の勢いに乗じて聞き出そうとしている」とゲストに思われた場合だ。

かくいう筆者も何度か失敗を経験した。上司に、「クライアント担当者から行儀が悪いとクレームがあったぞ。場を考えろ」と会食後にフィードバックをもらい、猛省したこともある。

会食の場では、明確に意図や自社がクライアントに対して期待するアクションを伝えてはいけない。その意図を察されないように開催することが肝要なのだ。

結果を出すために、結果を焦らない。それこそが会食の要諦である。

■ビジネス会食の成果は「フォローアップ」で結実する

ビジネス目的の達成は、あくまで会食が終わった後のフォローアップで行おう。具体的には、会食から数日が経った後の打ち合わせで、「心から信頼している○○さんだからこそ、今ご相談したいことがある」と切り出し、元々達成したかったビジネス目的の本題に移るのがいいだろう。

ここで「あなたを信頼している」と明言する点が重要である。会食後に伝えることで、この言葉が「これまでのビジネスの積み上げだけでなく、あなたのパーソナリティを知った上で信頼している」という意味合いを持ちはじめるのだ。

私の経験上、なかなか首を縦に振ってもらえないような踏み込んだ相談事項であっても、会食後であれば真摯《しんし》に耳を傾けてくれる方が非常に多い。たとえすぐに解決に至らないとしても、「では、どうすればできるのか」という建設的な議論に移れる場合がほとんどだった。

会食の成功はその後のビジネスリスクを大いに低減させる。 何かトラブルが生じた際や、ホストの不適切な対応で相手を怒らせてしまった際に、「もう一度だけ私にチャンスを頂けませんか」と真摯に伝えれば、一度なら目を瞑《つぶ》ってもらえる可能性が高くなるのだ。

ただし、不祥事が生じた後のリカバリーとして会食を使うのは悪手だ。会食がリスクヘッジに貢献するのはあくまでトラブルが生じる前である。自社の不手際で契約解消になるといったカタストロフィック・イベント（破壊的な出来事）を避けるためにも、機を見て会食をセッティングすべきである。

しつこいほどの繰り返しになるが、会食のその場では、目的達成に向けて陳情してはいけない。ビジネス目的の達成のためには、会食翌日以降のフォローアップこそが重要である。この内容については、この後の「第3部：会食メソッド 会食当日編」で詳細に説明する。

外資系金融機関の雄、ゴールドマン・サックス証券には「Long Term Greedy」という格言がある。これは、「目先の利益に囚われず、中長期的に顧客と自社が儲けられるようにすべし」、という考え方だ。会食もこれとまったく同義である。たとえ短期的な目標達成に寄与しなかったとしても、**中長期的な関係構築においてビジネス会食は強力なビジネス打開策となり得る**のだ。

ここまでがビジネス会食の核心、原理原則となる考え方である。次の第2部では、いよいよ具体的な「会食メソッド」の内容に入っていきたい。

第1部まとめ

■ビジネス会食は「ゲストが、自分や自社にとってどれだけ大切な存在であるかを間接的に伝える場」である。

■ビジネスは、法人で動いているように見えて、実は担当者〝個人〟の熱量や感情で動いている。そのため、ビジネス会食が効果的に作用する。

■ビジネス会食で意識すべきなのは①達成すべき目的の設定、②ゲストファーストの徹底、③差異を生む、の3点。

第2部

会食メソッド
事前準備編

ここからいよいよ、本格的な**会食メソッド**の内容に入っていこう。

会食と言われるとどうしてもネガティブに捉えてしまいがちであるが、流され仕事で会食をセッティングしても絶対に成果は出ない。断言する。

ともすれば受け身でこなしてしまう会食において、いかに当事者意識を持ち、他者への想像力を働かせ、自らの意志を持って会食をディレクションするのか。それが肝要であり、会食の醍醐味である。

会食とは「想像力と確固たる意志」が試される場。つまり繰り返しになるが、「参加者が喜ぶために、どれだけ想像力を働かせて場を用意したか」が肝要だ。

一見雑務のように見える会食も、あなたの工夫次第で「参加者全員が一生忘れることのない思い出」となる。

「言われたことを一度前向きに、『なんでもやってみるか』と考えるようになってから、人生が開けた」

広告代理店時代の尊敬している上司が部署異動の挨拶で語っていた言葉だ。

この考えはビジネスだけでなく、それ以外にも通ずるところがあるだろう。向き不向きを自分で設定せず、一度前向きに取り組んでみる姿勢を持つことは人生を好転させるきっかけになるのだ。

会食を単なる雑務として捉えるか、それとも自分の人生を変える転機・戦友を作る場として捉えるか。その選択と意志で自分の未来は変えられる。

第2部を読み終えた頃、あなたの会食設定レベルは急激に跳ね上がっているはずだ。

第2部で紹介する会食メソッド

会食メソッド① 会食の背景／目的の理解・設定

会食メソッド② 参加者全員の日程調整

会食メソッド③ 周辺情報のリサーチ

会食メソッド④ 選定基準書の作成→上司との合意

会食メソッド⑤ 会食店の選定・空き状況の確認

会食メソッド⑥ 上司への提案→承認の獲得

会食メソッド⑦ 正式予約と参加者への案内

会食メソッド⑧ 会場の下見

会食メソッド⑨ 手土産・プレゼントの購入

会食メソッド⑩ 二次会の準備

会食メソッド⑪ 最終準備

原則：徹底した「前始末」を心掛けよう

さて、これからすべての会食を成功に導く会食メソッド 事前準備編の詳細に入りたい。

フローの一覧は、次のページの表の通りだ。

もしかすると、工程のあまりの多さに眩暈《めまい》がしている人もいるかもしれない。確かに、毎回すべてを完璧にするのは、正直難易度が高い。

しかし、**ビジネス会食の成否のカギは、ほぼ「事前準備」が握っている。**会食設定は、事前準備ですでに90%が終わっていると言っても過言ではない。会食中は、事前準備の発表の場くらいに捉えておくのがちょうどいい。

もちろん会食中の頑張りや会食後の振る舞いによって逆転のチャンスがないわけではないが、それは厳しい道程だ。会食に出てくれる上司の話術やあなたのリカバリー力にどれほど自信があったとしても、準備を入念にしておくに越したことはない。

会食の成否を決めるのはセンスではない。「正しいメソッド」である。これから紹介する「会食メソッド」を実行すれば会食設定における失敗リスクはみるみる低減するだろう。

ただし、毎回すべてを履行しなくてはならないわけではない。会食開催までのリードタイムを考えて①から⑪までのどこにフォーカスをすべきかを考えよう。

各フローが設定されている個別の理由を理解さえすれば、業務時間に応じてフローをアレンジしても構わない。私自身も、会食当日までのリードタイムを鑑み、各メソッドに強弱をつけて準備に取り組んでいる。

ただ、リードタイムが極めて短い場合であっても、ぜひ 会食メソッド④ 選定基準書の作成と上司との合意は必ず行ってほしい。この④の工程を挟むだけで期待値のズレを防ぎ、上司を味方につけることができるからだ。

なお、会食メソッドの順番も遵守する必要はない。すでに上司が店の予約を済ませているので手土産購入から進める、万全を期して上司への会食店の提案前に下見を済ませておく、など臨機応変に対応してほしい。

会食メソッド　全体フローチャート

会食メソッド 事前準備こそがすべての成果に直結する=常に「前始末」を徹底せよ

1	会食の背景／目的の理解・設定	**目的なき会食は存在しない** 会食の前後で差を生み出せ →「会食目的チェックリスト」
2	参加者全員の日程調整	**日程調整は1秒たりとも寝かせてはならない** 人数が決まらない場合は「最大人数を仮置きして前に進め」 →「スケジュール調整メール文例」
3	周辺情報のリサーチ	**情報を制するものが、会食を制する** 「会食前提条件」をすべて洗い出せ →「リサーチチェックリスト」
4	選定基準書の作成→上司との合意	**会食の効果を最大化する「最強の武器」** 選定基準書提案前に「自分の宿題をやり終える」 →「会食設定の重心『選定基準書』の作成」
5	会食店の選定・空き状況の確認	**会食店の選定はスピード勝負** 社内に必ずいる「有識者」に当たろう →「店選びの基準」 →「珠玉の会食店・困ったときの『ハズさない店』リスト」
6	上司への提案→承認の獲得	**上司が心強い味方に変わるプランニング** 仮説を持って「確固たる意志」で臨み、予算リスク説明 →「上司への会食店提案資料サンプル 」
7	正式予約と参加者への案内	**参加者から一目置かれる情報提供** トラブル回避のために店に「自社名と会食相手の業種」を伝えよ →「電話で話すべきこと」・「招待状サンプル」 →「カレンダーブロック更新内容イメージ」
8	会場の下見	**下見はチェックリストで万全に仕上げる** サービススタッフは強力な味方だ →「下見の時のチェックリスト」
9	手土産・プレゼントの購入	**手土産に「価値あるストーリー」を込めよ** ゲストを究極まで想像し、手土産とプレゼントを使い分ける →「プレゼントのための情報収集リスト」・「珠玉の手土産・プレゼントリスト」 →「手土産・プレゼントの価値を上げるストーリーアイデアリスト」
10	二次会の準備	**二次会設定という最大の壁を乗り越える** 「よき顧客」として店と「貸し借り」を作れ →「珠玉の会食店・困ったときの『ハズさない店』リスト」
11	最終準備	**最後の準備まで、徹底した前始末を** 「天気予報情報」「プロフィールシート」共有で会食成功に向けた準備を →「リマインドメールに含める内容」
12	当日のマネジメント	**ゲストファーストの徹底** **戦略的に予算マネジメントをしよう**
13	会食中のコミュニケーション	**減点されないコミュニケーションの遵守** **素直な人柄で「打てば響く」信頼を得る** 序盤は「聞く」・中盤は「踏み込む」・終盤は「情熱」
14	クロージング	**お店を出ても会食は続いている** **二次会の場所は「店を出る前」に確定する**
15	翌日対策	**「三度のお礼」+メール & すべての結果報告を忘れずに** **会食の目的達成に向けてスタートする**

ここで、各フローにおいて通ずる心構えを紹介したい。それは、**「前始末」**だ。

「前始末」とはすなわち、「事前準備の徹底こそがすべての成果に直結する」というスタンスである。入念な準備と迅速なアクション、緻密なシミュレーションこそが、会食における工数とリスクを圧倒的に減らしてくれる。

「前始末」を大してせずに会食に臨んだ場合、どうなるか。

■直前になってしまい会食店の予約が取れない
■ゲストのダブルブッキングが判明してリスケになる
■ゲストの苦手なもの、アレルギーがある料理だと会食中に判明する
■二次会への同線がグダグダで、ゲストから「仕切りが悪い」と見なされる

こうなってしまうと会食でビジネス目的を達成するどころか、かえってネガティブな印象を持たれてしまうリスクさえあることを認識しておきたい。

私自身も過去、何度も何度も失敗した。その結果意識するようになったのが、徹底した「前始末」である。読者の皆さんにおかれては、ぜひこの心構えで会食メソッドを学んでいただければ幸いだ。

第2章

初日
早急な対処で失敗の確率が飛躍的に下がる4つのタスク

本章では、ビジネス会食を設定するために最も重要な「初日」の動き方についてレクチャーする。

会食は、長期戦だ。多くのビジネス会食のリードタイムは短くても数週間から1か月、長ければ2か月以上に及ぶこともある。

だからこそ**初日のうちに、ほとんどの前始末を終わらせておくことが重要**だ。以降の会食準備や会食中のパフォーマンスを向上させ、ビジネス会食の成功率を飛躍的に高めるのがこのプロセスである。逆に、初速を落としてしまった場合、具体的には日程調整を寝かせてしまった場合などは、以降でトラブルに見舞われる可能性が高くなってしまう。

たとえどんな業務が多忙であっても、徹底した「前始末」を意識して、本章の４つのタスクに注力してほしい。

目的なき会食は存在しない

会食メソッド① 会食の背景／目的の理解・設定

若手にとってビジネス会食の機会は急遽《きょ》生じるものである。特に多いのは、上司とクライアント間で開催が合意された会食セッティングを任されるパターンだ。

まず何よりも大切なのは、「会食の背景／目的の設定・理解」である。第1部で説明したように、会社の経費で参加する以上、**ビジネス会食は「ビジネス目的達成に貢献する」ことが求められる**からだ。達成すべき目的によって、セレクトすべき店が変わるのは自明である。

にもかかわらず、目的を明確にせずにビジネス会食がセッティングされる場合があまりにも多い。目的が曖昧だと、会社がわざわざ経費を支払う正当性を見出せなくなるだろう。経費を使うからには、効果を最大化できるような会食を実現する。これは、ビジネスパーソンに必須の矜持《きょうじ》だと考える。

会食目的チェックリスト

会食の背景		確認
A	ホスト／ゲストの名前と肩書は？	□
B	会食日時は決まっているか？ 決まっていない場合は誰がどのように決めるのか？	□
C	会食を設定するに至ったきっかけは何か？	□
会食の目的		**確認**
D	会食を通して達成したいビジネス目的は何か？	□
E	なぜこのタイミングで会食をするのか？	□
F	会食を設定した場合と設定しなかった場合で何を差として生み出すべきか？	□
G	会食における自分の役割／期待されていることは何か？	□

目的が不明確なのであれば本来、セッティングすること自体をやめたほうがいい。経費と時間の無駄である。もし読者の皆さんが、今まで会食を「なんとなく」開いていたのであれば、ぜひ本書を読んで会食目的の明確化に取り組んでいただきたい。

上の表は「会食目的チェックリスト」である。まずはこのチェックリストに沿って、会食が設定された背景と目的を理解するための質問を上司に投げかけよう。

ただ、このリストに沿って質問をしたにもかかわらず、上司から明確な答えが返ってこない場合もある。上司が会食の目的を明確に示すとは限らないのだ。「ゲストと雑談中に盛り上がったから」程度の理由で会食がセッティングされるパターンも散見される。

その際には、**自分で自分なりの仮説を立てて、上司に会食の目的を確認しよう。**会食メソッドの根底にある価値観は「想像力と確固たる意志」だ。「どうすればいいですか？」と上司に丸投げするのではなく、ステークホルダーへの想像力を持ち、自分の意見や仮説、意志を持ちながら進めていくようにしよう。なお確認の際は「今回の会食を良いものにしたいので、いくつかお伺いしてもいいですか？」という言い方がお勧めだ。

たとえば次のような目的・仮説が考えられる。

■ クライアントの期余り予算を自社の売り上げに繋げるべく、○○部長から情報を収集しやすい関係を作ることに貢献する会食とする
■ 2か月後に開催予定の競合コンペにおいて、競合他社と比較して自社が期待されている役割がどういったものかを理解することに貢献する会食とする
■ 今一度クライアントと関係を強固にし、自社が優位なポジションに入り込むことに貢献する会食とする

あえて「〝貢献する〟会食とする」と書いたのは、第1部で書いたように、ビジネス目的は会食の場「だけ」で達成するものではないからだ。会食の場では関係構築が着地点だった

としても、**その先にビジネス目的を見据えられているかどうかが会食の成否を大きく分けるのだ。**

ビジネス目的は最上位の概念であり、その後の行動を決定づける。

たとえば目的設定を「クライアントからの情報収集に貢献する場」とするか、「2か月後に予定されている自社サービスの料金アップをクライアントに了承してもらい、競合への乗り換え阻止に貢献する場」とするかで、どういった会食店を設定すべきかも変わる。

前者であれば、相手が思わず情報を話したくなったときに気兼ねなく話せる個室で会食設定するのが望ましい。後者であれば和気藹々《あいあい》と盛り上がるカジュアルな店、そして距離が近いオープン席を選択するほうがいいかもしれない。二次会ではカラオケを選択し、参加者の出身大学の応援歌を入れて肩を組んで盛り上がり精神的な繋がりを強固にする、といった仕切りも考えられる。

このような仮説を上司に対して投げかけることができれば、「会食に対して真摯に、前向きに取り組もうとしている」と評価されるに違いない。

中には「こんなにたくさんの質問を上司に投げかけるのは気が引ける」という方もいるだろう。その場合は、まずチェックリストのA、B、C、Dを優先して聞き出し、残りの項目を**会食メソッド④**選定基準書の作成↓上司との合意の際に確認するのがお勧めだ。

また、管理職になれば自分から会食に誘う機会も増えてくるだろう。その際に「接待させてください！」というのは芸がない。「日頃〇〇さんにお世話になっている御礼を兼ねて、今度夜ご一緒させていただけませんでしょうか。ぜひ〇〇さんにご紹介したいお店がございまして。よろしければ社内の他の方もぜひお誘いください」のように伝えるとスマートだ。

日程調整は1秒たりとも寝かせてはならない

会食メソッド② 参加者全員の日程調整

日程調整は面倒であるが、絶対に寝かせてはならない。なぜなら、日程が決まらないと以降のアクションの難易度が飛躍的に上がるからだ。

「会食の日程を決めない」＝「相手のスケジュールを妨害している」に等しい。自分の何倍も時給の高い上司や大切なクライアント重役の時間泥棒にならないためにも、一息で日程調整に移ろう。

まず、会食の日程は最低でも2週間以上先にしておこう。もし可能であれば1か月の猶予は欲しいところだ。

次に、会食の日程調整のパターンを把握しよう。会食メソッド① 会食の背景／目的の理解・設定の「会食目的チェックリスト」の確認の際に、どのパターンなのか理解しておこう。

1 会食設定時にすでに日程が決まっている

上司が会食セッティングの際にゲストと日程調整を済ませてくれている状態だ。ただしホスト側の参加者が全員決まっていない場合は、自社内の日程調整を自分が担当する場合もある。

まず上司に自社で参加すべき人の優先度を確認の上、声がけ、カレンダーでのスケジュールブロックを行っていく。調整先が自社であること、また日程がすでに決まっていることから、難易度はさほど高くない。

2 会食設定時に日程が決まっておらず、上司が日程調整をする必要がある

ゲスト参加者の役職が高い場合や、上司がスケジュールのハンドリングをする場合、日程調整者（自分）がゲスト参加者と面識がない場合に発生する。

この場合もパターン1と同様に、自社の参加者のとりまとめが中心になる。自社の参加予定者のスケジュール状況を共有し、開催日時の候補を送った後に上司にゲストと調整してもらおう。もしくは逆にゲストが決めた日程でホスト側を調整するケースもあるだろう。

3 会食設定時に日程が決まっておらず、自分が日程調整をする必要がある

自分が調整を主導しなければならない場合だ。クライアントの秘書や現場担当者とコミュニケーションを取り、双方の重要参加者の予定を確認・調整する必要がある。この3つの中で最も苦労するパターンである。

■ 参加者の予定をカレンダーで物理的にブロック

スケジュール調整の際は、自社の人間には必ずOutlookカレンダーやGoogleカレンダー（以降、スケジューラー）で予定をブロックしておこう。

スケジューラーで日程調整をする場合は、未確定の会食候補日には「予定ブロック」、確定した場合は「確定」と文頭に付けておくと一目でわかりやすい。

会食設定初心者の場合、未確定の予定をブロックし忘れる場合が多い。ゲスト参加者が正式に予定を確定したのに、ホスト側の参加者が別の予定を入れてしまったら悲惨だ。

そしてそれはかなりの確率で、起きる。それを防ぐためにも、**予定調整中を含めて必ずカレンダーブロックを行おう。**

また、カレンダーブロックの際は**別途、移動時間もブロックしておこう。**スケジューラー

上で移動時間を明示していないと待ち合わせ時間を間違える人が多いので、移動時間は別途30分程度ブロックしておくのが望ましい。

参加者が会食予定をカレンダーに入れ忘れ、ダブルブッキングをしてしまった場合でも、それは自分の責任だ。前提として、上司や他の参加者は忙しい。メールを見逃すこともあり得るだろう。**「参加者が全員そろって会食できるまで」を自身のスコープ（範囲）と捉えるべきだ。**それこそが、ビジネスパーソンとして持つべき当事者意識である。

自社の人間とのやりとりはスケジューラーでのブロックでまず問題ないが、長らく承諾されない場合は電話や対面・メールで確認しておきたい。トラディショナルな企業ではメールでのやりとりがスタンダードな場合もあるため、念のため予定調整前に上司に「予定調整はどのツールで行うのが望ましいか」を確認しておくのが無難だ。

なお、クライアント側とのやりとりにおいてはメールでのコミュニケーションが中心となる。

■ 調整は「欠けてはならない人」から

最低3つは候補日を持っておこう。また会食の開始時間は19時以降に設定して調整するのが望ましい。早すぎると「その日の業務が終わっていない場合がある」というのが理由だ。ただ、事前に「ゲスト参加者が17時には仕事を終えて会食に向かうことが多い」という情報をつかんでいたら、18時に設定し、その時間に営業している店にするほうが喜ばれるだろう。何度も言うが調整日も含めて、社内の参加予定者全員に対してスケジューラー上で予定を登録することを忘れずに。

なお、参加者調整の原理原則は「**ビジネス目的達成に向けて、会食に参加すべき人が参加できる場になっているかどうか**」である。参加できる人数が多い日に合わせて調整するわけではない。

日程調整の順番は、自社の役職の高い人間からだ。社内で日程調整が完了した後、メールでクライアント担当者もしくはクライアント秘書に連絡をし、日程を調整してもらおう。参加する役職者によって、日程調整のリードタイムが変動する点も心得ておきたい。役員など上位役職者の会食を設定する場合は、最低でも3週間~1か月前から日程を調整することが望ましい。相手側から希望がない限り、直近の候補日を設定するのは失礼に当たるので気をつけたい。

また、上位役職者はスケジュール調整をメール・対面でするべきだと考えていることも多い。そうであれば合わせるに越したことはない。組織文化については臨機応変に対応したい。

スケジュール調整メール文例

下記日程にてご都合いかがでしょうか。

会食候補エリア
銀座・新橋エリア周辺を想定 ※9/15(金)17:00までには確定情報をお送りします

会食候補日時
・10/2(月)　19:00以降
・10/4(水)　19:00以降
・10/6(金)　20:00以降

会食時間の確認
当日は何時までに切り上げたいなどご希望がございましたら、お気兼ねなくお申し付けくださいませ。

アレルギー・苦手なもののお伺い
アレルギーや苦手なものがある場合はご遠慮なくお知らせください。

その場合には、スケジューラーで予定を確認した後に、候補日時を提案するメールを作成しよう。ここで先んじてアレルギーの有無も確認しておきたい。なおその際は文章で書き連ねるのではなく、上の例のように簡潔に箇条書きでまとめよう。この文例は自社・クライアント双方の調整で利用可能だ。

上位役職者については、メールを送付したもののなかなか返事がなく、結果として調整が遅れてしまうことがよくある。メールを送付後、「調整中です」のリアクションもない場合は、**メールを送付した翌日の夕方頃に対面もしくは電話をかけてでも確認するべきだ。**

加えて細かい気遣いであるが、電話がつながらない場合はショートメッセージで用件を残すのが好ましい。登録していない電話番号の履歴があると、往々にして「何か悪いことでもあったのか」と不安になるものだからだ。

なお、ゲストがいないカジュアルな社内飲みの場合は、日程調整ツールを使うほうがミスなく迅速に調整ができるのでお勧めだ。


会食の参加者は前提として、**「役職が互いに同等近くになるべき」**である。ゲスト側から希望があった場合を除き、ゲスト役員が参加する場合はホストも役員クラス、難しい場合でも本部長クラスは場に招集したい。

上位役職者が参加者の中心となる会食においては、自分の参加は必須ではない。会食の準備だけを済ませ、自分が参加しないパターンもあり得る。ただしその際には二次会の導線など周辺情報を伝えてフォローアップをしよう。

■参加人数が決まらない場合は「最大人数を仮置きして進め」

この 会食メソッド② 参加者全員の日程調整の時点で会食の参加人数を把握できればベストであるが、実際の会食セッティングにおいては参加人数がなかなか確定しない場合も十分に想定される。

会食セッティングを任されてからおおよそ**3日経っても参加人数が確定しない場合は、最大人数を仮で置いて** 会食メソッド③ **周辺情報のリサーチに移ろう。**

飲食店予約において人数を減らすことは容易であるが、増やすことは難しい。可能性として考えられる人数を想定して動くべきだ。しかし言うまでもないが、人数の減少は店に迷惑がかかる。人数が確定次第、迅速に店に連絡をすることを忘れずに。

情報を制するものが、会食を制する

会食メソッド③ 周辺情報のリサーチ

会食の背景や目的を定め、そして日程調整が完了した後は会食に適した場のセッティングに向けた情報収集を行う。会食において**絶対に落としてはならない「必須情報」**と、**可能な限り収集したい「希望情報」**を押さえておこう。

一見遠回りに思えるが、ここで「会食の前提条件」を洗い出しておくことで、会食の失敗を未然に防ぐことが可能だ。次ページの「リサーチチェックリスト」を活用すると情報の抜け漏れを防ぐことができる。

多くの読者はそろそろ店の予約をしておきたいと感じていると思うが、本プロセスを経ることで、後の店選びで手戻りがなくなり、圧倒的に効率が上がる。ただ、むやみに時間をかけるのではなく、サクサクと機械的に進めることを意識したい。会食の重要度にもよるが、リサーチは30分～1時間程度を目安としよう。

参加者のアレルギー・苦手なものは**会食メソッド②**参加者全員の日程調整でクライアント

とやりとりをするタイミングに、それ以外の情報は適宜上司に「会食をより良い場にするためにいくつか確認したいことがあり、今から10分ほどお時間を頂戴できませんでしょうか」と伝えて、本リサーチチェックリストをもとに確認すればよい。不明点が出ても手を止めず、上司に確認して早期に終わらせるのがポイントだ。

リサーチチェックリスト

必須情報	確認
1 参加者全員のアレルギー・苦手なもの	□
2 キーパーソンの食の好み	□
3 会食・二次会の金額上限	□
4 ホスト・ゲスト間の費用負担割合	□
5 会食場所の想定エリア	□
6 個室が必須か否か	□
7 二次会の開催確度・準備要否	□
8 指定のビール銘柄の有無	□
9 手土産・プレゼントの準備要否と予算	□
希望情報	**確認**
1 ゲスト参加者の家族構成	□
2 タクシーチケットの準備	□
3 誕生日・社の記念日情報	□

■「必須情報」リサーチは想像力で差がつく

1 参加者全員のアレルギー・苦手なもの

絶対に逃してはならない情報だが、会食初心者が意外と見落としがちなので気をつけたい。

ここには落とし穴が2つある。

まず1つ目は、「ゲストの食べたい食のジャンル・食の好み」だけ把握すればいいと思い聞き忘れるパターン、2つ目はゲスト参加者の情報収集にばかり気を取られ、ホスト参加者から聞き忘れるパターンだ。

アレルギーに関しては会食が一瞬で台なしになり得るノックアウトファクターである。特に卵・そば・甲殻類系はアレルギーを持つ方が多い上に会食で頻繁に提供される食材のため気をつけたい。

さらに、苦手なものの情報収集において留意したいことがある。それは、ヒアリングでは聞き出せない「**隠れ苦手料理**」の存在だ。

「隠れ苦手料理」とは、「好き好んで食べないが、わざわざ他者に伝えるほどでもない」料理のことである。日本人の持つ一般的な倫理観として「料理は好き嫌いせず・残さず・美味《おい》しく食べるべきだ」がある。だからこそ、多少苦手であっても細かくすべて伝えることをしないビジネスパーソンは世に多数いるのだ。

「隠れ苦手」としてよくある食材が次のものだ。この「隠れ苦手」は会食のみならず、飲み会やデートの場でも気をつけたい。

隠れ苦手食材

■ホルモン
■レバー
■牡蠣《かき》
■パクチー
■ナンプラー

会食で避けるべき料理ジャンル

■もつ鍋
■やきとん（ホルモン料理が中心）
■タイ料理

このような食材が使われるジャンルの料理店については、参加者全員が好きであると明言していない限りは会食の場に選択するのは避けることをお勧めしたい。

なお、もつ鍋は水炊きに、やきとんは焼き鳥に、タイ料理はオールマイティに使われるイタリアン・フレンチ・和食・中華などに変更すれば解消できる。

また、冬場になると食べたくなる鍋料理については、衛生上の観点から会食の場に選ぶのは慎重になったほうがいい。社内飲みや気心の知れた仲間とのカジュアルな会食であればそこまで考慮する必要はないが、女性が参加する会食の場や、上位役職者が参加する改まった場では別のジャンルを選んだほうが無難である。

2 キーパーソンの食の好み

参加者全員の好みを押さえることは不可能だが、ゲスト側のキーパーソンの食の好みや、食べたいジャンルがわかっていると心強い。

ただそうは言っても、前述の「参加者全員のアレルギー・苦手なものを避けること」のほうが優先順位が高い。たとえゲスト参加者の好みであってもホスト側が食べられなくては店に対して失礼である。食べられない人に気を使わせてしまう可能性もあるため、全員が楽しい時間を過ごせる場とすることを忘れないでおきたい。

3 会食・二次会の金額上限

どれだけ会食が大盛り上がりしても、会食費用が想定をはるかに上回っていたら上司から叱責されるのは容易に想像できるだろう。ほとんどの企業においては会食で使える金額が定められており、金額超過分に関しては上司の自腹となるおそれすらあるからだ。アレルギー・苦手なものと同様絶対に落としてはならない情報だ。会食前はもちろんのこと、会食中の気配りも心掛けたい。

ここで若手の方々は「上司は自分たちより高い給料をもらっているのだから、多少支出が増えるのは当然」と考えるかもしれない。しかし、多くの場合において**上司は、自分たちよりも個人で使える可処分所得が少ない**点に心を配りたい。特に家庭を持っている上司であれば、若手よりも少ないお小遣いでやりくりをしている場合もあるのだ。実際、私の所属していた大手広告代理店のベテランの上司は、1000万円を優に超える年収であるにもかかわらず、配偶者に財布の紐を握られ、すべての食費を含めて一日のお小遣いが1500円だった。子どもの養育費のために涙ぐましい節約に取り組んでいる上司が多数いることを念頭に置きたい。

会食における支払い情報の把握のためには、まず自社の会食経費の仕組みについて理解をしておくことが必須だ。経費については、次のようなパターンが多いだろう。

■会食に使える経費が一律で決まっている
■ホスト参加者や稟議申請者の裁量により変わる
■ゲスト参加者の役職の高さで使える経費が設定されている
■自社におけるクライアントの重要度で使える経費が異なる
■個人で月に使える経費枠が存在し、その中に収める

経費の仕組みを理解した上で、上司に予算イメージを確認しよう。会食の予算は会社によってまちまちであるが、いずれにしろ、**具体的な金額を上司と共有しておくことが望ましい。**

次に、予算設定をした後の上振れ要因について理解をしたい。大きいのは次の3つだ。

■お酒の量（杯数）
■サービス料・個室利用料
■二次会以降の支出

お酒の杯数がかさんでくると想定を遥かに上回る金額になる。そこにサービス料・個室利用料が加わると予期していない金額になるリスクがある。会食設定に慣れていない場合は、飲み放題付きのプランがある会食店を選んだほうが無難だ。

他方、飲み放題付きの店からしか選べないとなると会食店のレパートリーが少なくなるので、できる限り飲み放題の店以外も選べるようになりたい。後述の会食メソッド④選定基準書の作成↓上司との合意の際に大体の予算イメージを合意して、選定する店をハンドリングできるようにしよう。「第3部：会食メソッド　会食当日編」でも会食時における予算マネジメントの手法を紹介している。

4 ホスト・ゲスト間の費用負担割合

これまで「上司から依頼を受け、自社が支払う」シチュエーションを想定してきたが、実際には「対等な関係を保ちたい」と料金折半を希望するクライアントや、公務員のように1円単位まで厳格に折半をしなくてはならない場合もある。

予算イメージ確認と並行して、今回の会食が次のいずれに当てはまるかを確認しておきたい。

■ 自社がすべて負担する

■一次会は自社持ち、二次会はクライアント持ち
■一次会からすべて1円単位で折半する（公務員との会食の場合）

「接待」ではすべて自社で負担する形となるが、ビジネス会食では、このように複数のパターンがある。事前に把握しておこう。

領収書の取り扱いについても要注意だ。領収書の宛名をもらい間違えると、経費が精算できないという最悪の場合もあり得るので慎重の上にも慎重を期すべきだ。支払い時に領収書の宛名がわからない、領収書折半が必要なのか、などバタバタしないために、予め上司に確認しておこう。特に２０２３年10月以降インボイス制度の導入によって領収書管理の仕方が変わったため、会食慣れした人でも改めて確認しておきたい。

5 会食場所の想定エリア３パターン

会食場所のエリア選定の基準は次の通りである。

① 上位役職者の自宅近くのエリア
② クライアント所在地の近くのエリア

③自社とクライアント所在地の間あたりのエリア

残念なことに絶対的な正解があるわけではないため、リサーチ情報を加味してケースバイケースで選ぶしかない。

①の場合、上位役職者以外が帰りづらい場所になる場合がある。②が頻繁に選ばれがちだが、クライアント所在地周辺のエリアではゲストが行き慣れており、ゲストがすでに行ったことのある店を提案してしまう可能性が高くなる。③自社とクライアントの間のエリアだと、参加者によっては「なんでこの場所を選んだ？」と疑問を持つかもしれない。

繰り返すが唯一の正解はないので、上司に対して「エリア選定で考慮しておくべき事項はありますか？　自分としてはクライアントの所在地周辺のエリアを想定しているのですが」と確認の上、アドバイスをもらおう。

会食の趣旨やリサーチを踏まえて、あえて意表を突くエリア・店を選定するのもアリだ。ただその際は移動時間が確保できないリスクがあるため、アクセスが45分以上かかるエリアは避けたほうがいい。

とはいいつつも、衝撃的な忘れられない会食を演出するためには「ストーリー性」も非常に重要である。「なぜそのエリア・店か」の明確な根拠があり、かつ勝算があるのであれば近接エリアであることは必須条件ではない。

6 個室が必須か否かを使い分ける

読者の皆さんの中には「会食には個室がつきものだ」という先入観を持っている方もいるかもしれないが、私は「**個室は必須ではない**」と考える。なぜなら第1部で説明したように、会食の場でビジネスの込み入った話はすべきでないからだ。

あくまで会食の場はビジネスの目的達成に寄与するセットアップの場である。会食中に「この案件を発注してほしい」「コンペの詳細を教えてほしい」と切り出すのはまったくスマートでなく、最悪の場合には気分を害したゲストに席を立たれることもあるだろう。

実際、私も東証プライム上場企業の役員クラスからスタートアップ経営者、芸能界の方まで幅広く会食をご一緒したが、非個室スタイルも頻繁にあった。

個室なしの店でも問題ないかどうかは上司に判断を仰ぎたい。なお非個室スタイルであっても、他の席とは一定程度間隔があるほうが望ましい。

高級フレンチや割烹《かっぽう》ともなると個室利用料だけで数万円かかる場合もあるので、個室利用料がどれだけかかるかはサービス料と同様、事前にチェックを忘れないように。

なお、人数が**1対1の場合は向かい合ったテーブル席よりも、カウンター席で隣り合うこ**

とをお勧めしている。お互い正面を向いていればカウンター内の料理人が調理しているところを眺められる。「何か話さなければ」というプレッシャーから双方が解放され、リラックスしやすいからである。

このように会食設定においては「どういう会食にするのか」という「確固たる意志」も必要だ。

7 二次会の開催確度・準備要否

会食設定を難しくしている主要因がこの二次会だ。なぜなら、開催されるかどうか、どこに行きたい空気になるか事前に読めない上に、参加人数も当日まで把握しにくいからである。今までの経験上、二次会が開催されるかどうかは一次会終了後の「場面での判断」でがほとんどだ。

しかし、場面での判断だからといって事前準備を怠ると「仕切りが悪い」とゲストの心証を害してしまうため、**上司に二次会の実施確度を確認しておこう。**ホスト・ゲスト双方の参加者の今までの会食の傾向から、大枠の人数・エリア・ジャンルを先読みしておくのだ。極めて難しいことを要求していると思われるかもしれないが、上司に対して次のことを確認しておき、候補の店のイメージを持っておけば万全だ。

■二次会の開催可能性はありそうか
■二次会はカラオケ、スナック、バーなどジャンルのイメージはあるか
■開催するとしたら誰が参加しそうか

なお二次会の準備は極めて重要な項目のため、会食メソッド⑩二次会の準備にて後述する。

8 指定のビール銘柄の有無

最近ではゲストの所属企業によって選択すべきビール銘柄があることを知らない方が増えているようだ。企業に近しい財閥グループによって、指定のビールメーカーがある。この指定ビール銘柄については、結婚式・披露宴の場でも配慮すべき事項なので大枠は押さえておきたい。具体的にはこのケースが多い。

■三菱系：キリンビール
■住友系：アサヒビール
■三井系：サッポロビール
■芙蓉系：サッポロビール
■三和系：サントリー

このような財閥名が社名についていればわかりやすいが、財閥名がついていないグループ企業もある。上司にビールの指定銘柄があるかは予め確認しておくといい。

また、財閥が合併してできた企業についても注意を払いたい。たとえば三井住友銀行はアサヒビールであるが、拠点長が三井出身の場合はサッポロ（ビール）になるケースがあると聞いたこともある。確認するに越したことはないだろう。

ビール銘柄の指定については、企業によってもどこまで気にするか大きく異なる。「そのビールだけを取り扱っている店でないと行かない」会社もあれば、「複数の銘柄を取り扱っている中にゲストの指定のビールメーカーがあれば大丈夫」という会社もある。私の経験では「競合財閥が贔屓《ひいき》にしているビールを取り扱っていてもいいが、注文はしないように」と念を押される場合がほとんどだ。

私見であるが、三菱系のキリンビール、住友系のアサヒビールに対するこだわりが強いものの、それ以外の財閥においては銘柄まで気にする方はそこまで多くない印象だ。

「指定ビール銘柄があることを知らない若手が増えている」のと同じように「ゲスト側も昔ほど気にしていない」ことも事実ではある。**しかし、会食という「想像力と確固たる意志」**

が問われる場においては、あなたは寸分の隙も見せない会食設定をすべきである。今までの会食の傾向を知っている方に、ビール銘柄で意識すべきポイントがあるかどうか、事前にヒアリングをしたい。

9 手土産・プレゼントの準備要否と予算

まず手土産に割ける予算があるかどうかを確認したい。手土産こそ「想像力」の集大成であり、腕の見せどころだ。

予算をかければいいというものではない。**手土産は、ストーリー**だ。ストーリーさえあれば相手の心を打ち、忘れられない会食とすることができるだろう。逆に会食を受ける側のときは、会食費用を出していただいた御礼として手土産を準備しておこう。詳細は後述の**会食メソッド⑨**手土産・プレゼントの購入で説明する。

■「希望情報」への細やかな気配りでさらに差をつける

リサーチチェックリスト「希望情報」は、確実に押さえておく必要はないが、あるに越したことはない情報である。もし上司や周囲の方から確認できそうであれば、ぜひ確認しておこう。

1 ゲスト参加者の家族構成

相手の家族構成やどういったライフステージなのかを理解しておけば、血の通った素敵な手土産を用意することが可能となる。希望情報に回したが、一段上の会食セッティングをするのであれば必ず押さえておくべき情報だ。

2 タクシーチケットの準備

タクシーチケットが配られている会社においては、用意が必要かどうかも確認しておきたい。上位役職者は基本的には会食後はタクシーで帰るものだと心得よう。

いずれにしても、タクシー乗り場については予め確認をしておくのが吉だ。この方法は、会食メソッド⑧ 会場の下見で詳しく解説している。

ここで大事なのは「タクシーチケットを相手が実際に使うかどうか」ではない。徹底的にデザインされた会食であることを上司・ゲストに間接的に伝えることだ。

3 誕生日・社の記念日情報

ゲストの誕生日を知っておくと、意外に役に立つことがある。それは、「当日誕生日のゲストが、家族との時間よりも会食参加を優先してくれた」場合だ。

もしかするとゲストは、家族と一緒に過ごしたかったにもかかわらず無理に来てくれたのかもしれない。その事実がわかっていれば、次のような気の利いた対応ができるはずだ。

「○○さん、本日お誕生日ですよね。本当はご家族と一緒に過ごしたい中、私たちとの会に付き合っていただき本当にありがとうございます」

「ささやかではございますが、お祝いのプレゼントをご用意しました。ご家族で楽しめるものですので、ぜひお帰りになったら大切な時間をお過ごしください」

少し話は脇道に逸《そ》れるが、大切なことを一つお伝えしたい。会食に限らずビジネス全体のスタンスとして、**謝罪と感謝のどちらも選択できるときには、感謝の言葉を述べよう。**「お誕生日のところ、会食にご参加いただきすみません、申し訳ございません」と言われるよりも、「お誕生日のところ、ご参加いただき誠にありがとうございます！」と言われたほうが相手は気持ちがいいはずだからだ。

無意識のうちに口癖として「すみません」「申し訳ございません」が出てくる人も多くいる（過去の私でもある）。できる限りポジティブな発言を心掛けるようにしたい。

また、当たり前であるが誕生日については会食直前にわざとらしく相手に聞くものではない。日頃の会話の中で出てきたらメモをしておくのが吉だ。またはFacebookなどで情報として出ている可能性があるので、リサーチしておくと今後に役立つ。

その他にも応用技として私がリサーチしていたのは、「タバコの銘柄」だ。私は非喫煙者であるが、よく会食するゲストや上司のタバコの銘柄はすべてメモを取り、会食の場においては切らしたときのためにカバンにストックしていた。二次会あたりで上司・ゲストのタバコが切れて買い出しに行かなくてはならないというときに、さりげなく「〇〇さん、赤ラーク12mgを好まれることを知っていたので念のためストック持っておきました！」と明るく言えば、相手の見る目も変わるはずだ。一見時代錯誤だと思われる方もいるかもしれないが、強烈な印象を与えられるのでお勧めだ。

会食の効果を最大化する「最強の武器」

会食メソッド④ 選定基準書の作成↓上司との合意

この会食メソッド④選定基準書の作成↓上司との合意こそが、会食メソッドの重心であり、必ず取り組んでいただきたいポイントだ。これから選定基準書を作成する方法と、合意に向けて気を付けておくべきポイントを述べよう。サンプルは次のページの通りだ。

なお「ここまではできない……」と思った方は、情報整理のために箇条書きでまとめておくだけでも十分効果があるので、ぜひ一度試していただきたい。

一点、選定基準書の提出にあたって絶対に忘れてはならない、重要なポイントがある。必ず、**自分が対応すべき宿題を終わらせてから、上司に会食合意の提案をする**ということだ。

ここまで「会食はビジネスの打開策になる」ことを伝えてきたが、業務時間中のやるべきことをやらない状態のまま会食の話をしても心証を害するだけだ。

「会食の準備はいいがその前にやるべきことをやれ」と言われるのは、あまりにもったいない。「夜は100点、昼は0点」ではいけないのだ。

会食設定の重心「選定基準書」の作成

○○社 会食選定基準書

会食目的

競合X社が2か月後に提供を開始する新サービス(自社サービスAの競合)への乗り換え阻止に貢献する会とする

会食の前後で生み出したい差

サービス選定のキーパーソンである塩原本部長との精神的繋がりを深め、①競合X社から現在どのようなアプローチを受けているのか、②現時点の検討状況、③現場から上がる自社サービスAの不満点について情報収集できる関係を構築する

会食日時

12/11(月)19:00-終了未定(二次会の可能性高)

参加者

○○社マーケティング部:塩原部長/大和課長/三島次長
自社:鎌田部長/高垣課長/yuuu

予算

会食全体:1人当たり20,000円×6人＝120,000円(税込)
※一次会で1人15,000円/二次会で1人5,000円(税込)の想定
手土産:1人当たり3,000円×3人＝9,000円(税込)想定

会食エリア

大手町・銀座周辺エリアを想定

個室要否

個室ありで選定する

考慮すべきアレルギー・苦手なもの

大和課長が生牡蠣NG。提供されないように念のため会食店には事前に共有する

料理ジャンル方針

フレンチで選定予定(背景:塩原部長がフレンチ好きだと高垣課長にアドバイスいただいたため)

確認希望事項

①○○社は住友系企業のためアサヒビールが置かれている店を選べばよいか
②二次会の選定はどういった観点で選べばよいか。塩原部長の行きつけの店はあるか
③会食が盛り上がり予算超過の可能性が出た場合はどうすべきか。どの金額まで許容可能か
④領収書の宛名は会社名、個人名のどちらにすべきか

NEXT STEP

①高垣課長が、私の提出した選定基準書のフィードバックをする〈11/6(月)まで〉
②私が、選定基準書をもとに、会食店の選定と空き状況の確認する〈11/7(火)まで〉
③私が、高垣課長に会食候補店の提案を行い、会食店の決定をする〈11/8(水)まで〉
④私が、会食店の予約を正式確定させる〈11/10(金)まで〉
⑤私が、会食店の下見を行う〈11/14(火)まで〉
⑥私が、高垣課長に手土産の候補を提案し、合意する〈11/17(金)まで〉
⑦私が、高垣課長に二次会の想定候補を提案し、合意する〈11/20(月)まで〉
⑧高垣課長が、会食後に塩原部長との打ち合わせを設定。目的達成に向けたヒアリングを行う〈12/15(金)まで〉

※予算は一例であるので、シーンに応じて柔軟に調整いただきたい。

1 趣旨が簡潔で明確な文章となっているか？

「人間は考える葦《あし》である」の名言で有名なフランスの哲学者、パスカル。彼は友人への手紙に、次の言葉を残したといわれている。

「今日はあまり時間がなく、手紙が長くなってしまいました」

情報過多の時代において、「情報を多く・長く」伝えることの価値は低下している。

会食メソッド③ 周辺情報のリサーチで時間をかけて丁寧に調べるほど情報をあれもこれもと書いてしまいたくなるが、**選定基準書においては、「意思決定に必要な情報」を短く過不足なく伝えることを意識したい。**つまり箇条書きで1ページに収まるようにまとめ、上司の情報処理の負担を減らすことを心掛けるということだ。

2 目的は明確か？

目的あってこその会食である。会食の目的と、読み手が資料を読んだ結果、どう判断・フィードバックすればいいかが明確な資料作成を心掛けよう。

それでは会食における目的はどうやって決めるべきか。目的の解像度を上げるために「**目下3か月程度でクライアントと自社で達成したいこと**」**を考える**とよい。

たとえば「数ある競合の中から自社をナンバーワンだと認識してもらう」程度では具体的

な行動に結びつかない。「2か月後にクライアントが開催する競合コンペの中で、他競合を出し抜けるような情報を得ることに貢献する会食とする」あたりまで具体的だとよい。

目的設定でもう一つ考慮したいことがある。それは会食の前後で生み出したい差、すなわち「**会食の前後で、ゲストがどう変化していれば成功か**」だ。「ゲスト起点で会食をどうアレンジすればいいか」も考えれば会食アレンジの解像度が高まるだろう。

ちなみに、会食メソッド①会食の背景／目的の理解・設定、会食メソッド③周辺情報のリサーチで拾いきれなかった情報をここで「確認希望事項」としてヒアリングすると、以降の準備で大いに役立つ。

3 読み手がNEXT STEPを判断するのに十分な情報が記載されているか？

「何をすべきか」がよくわかる資料になっていたとしても、判断に必要な情報が不足していては意味がない。いったん自分が読み手の立場になってみて、判断ができる十分な情報が資料に宿っているかをチェックしよう。この解像度まで目的をすり合わせておくことで、アルコールが回った後でも目的を忘れない強靭なチームが作り出されるのだ。

4 会食後の理想の状態と最悪の状態は何か？

資料とは別に口頭で確認しておきたいポイントがこの「会食後の理想の状態」と「最悪の状態」だ。

会食後の理想の状態がビジネス目的とずれていないかを確認すると同時に、**「何が起きれば最悪の状態」になり得るのかを確認しておく**とリスクヘッジに繋がる。

目的達成のためのロードマップを考えても結果としてうまくいかないことは多いが、「絶対に避けたい状態」に対して共通理解を持ち、打ち手を事前に考えることでビジネスが好転するケースは多い。

例を出そう。後輩のクライアント提案やプレゼンに私が同席する際は、打ち合わせに向かう道中で「今日、何が起きたら一番嫌だと思う?」と確認するようにしている。そうすると「実は提案する広告の費用対効果を明確に示せなくて定性的な提案になっているんです」や「クライアントの決裁者が今回初めて出てくるので、今までの提案がひっくり返らないかが心配です」など、提案にあたって自分がリカバリーすべきスコープが明確になる場合が多い。

会食においても同様だ。「最悪の状態が予期せず生じて会食中に慌てふためく」ことを避けるためにも、予め最悪の状態を上司に確認しておこう。

もし上司から「二次会での予算超過かな。ゲスト上層部の好きな店があるんだけど、結構高くてさ」という話があった際は、一次会の料金を抑えるために飲み放題の店にしたほうがいいという判断になるかもしれない。

これらが初日のうちに終わらせておきたい4点だ。後のタスクは翌日以降に回しても差し支えないので、今まさに会食設定を進行している方はここで本書をいったん閉じてもらっても構わない。

なお、いかに仕事が忙しかったとしても、会食設定の依頼を受けてから遅くとも2日後まではここまで取り組むように心掛けたい。

第2章まとめ

- ■目的なき会食は存在しない。必ず上司に会食の目的を入念に確認する。
- ■日程調整は時間がかかるため、何があっても初日に手を付ける。
- ■調整は「欠けてはならない人から」物理的にカレンダーをブロックする。
- ■クライアント周辺情報を押さえておくことが、理想的な会食の場を設定するカギ。
- ■会食の場を選定する前に選定基準書を作り、社内の認識のズレを防止する。
- ■ここまでは遅くとも依頼から2日後までには終わらせる。

特別特典

埋めるだけで使える
選定基準書フォーマット

会食メソッド④で使用する「選定基準書」のフォーマットである。会食の効果を最大化するこの「最強の武器」は、まさに会食設定の重心だ。ダウンロードして日常業務にご使用いただければ幸いである。

第3章

会食2週間前まで

参加者満足度の総和を高める「店選定」4つのタスク

初日〜2日後までにここまでに紹介した4つのタスクを終え、選定基準書で社内合意ができた後は会食店の選定に移ろう。本章では、実際の会食の成否において特に重要なファクターとなる「店選び・予約の作法」を中心に解説する。

会食の本質は「会食店の設定」ではないが、実際に会食で長い時間を過ごす店選びの重要性は当然高い。事前に作成した選定基準書に沿って適切な店を選定することができれば、参加者全員の満足度が大きく高まる。

ここまで条件をクリアしておけば、あとはその条件に沿って選ぶだけだ。リサーチ・社内合意ともに骨の折れる作業であるが、この手順を踏むことで会食店の選定はグッと楽になっている。上司としても基準書に沿った店であれば文句を言わないはずだ。

逆に、会食メソッド③ **周辺情報のリサーチ**、会食メソッド④ **選定基準書→上司との合意**の作成の手順を踏まなければ店を選んだ後に手戻りする可能性が高くなる。先に店を選びたい気持ちを抑えて、会食メソッド通りの手順を踏むことをお勧めしたい。結果として全体の効率化を図れる。

本章の手順にしたがって、参加者全員の会食体験を至上のものにするべく、正確に対処していこう。

会食店の選定はスピード勝負

会食メソッド⑤　会食店の選定・空き状況の確認

会食慣れしている読者の中には「このタイミングで下見に行くのだろうな」と思われる方もいるかもしれない。もちろん、それでも問題はないのだが、私は「このタイミングでは、まだ下見に行かなくていい」と考えている。なぜなら、会食店選定において気を付けるべき最大のリスクは「下見の時間が取れない→上司への会食候補店の提案作業が遅れる→予約の選択肢が狭まる」であるためだ。

会食の人気店は予約がすぐに埋まるため、時間勝負だ。それに参加者としても店の場所によって前の予定をいつ終わらせるべきかが変わるため、できる限り早く情報を伝えるに越したことはない。「会食の日程を決めない」のと同様、「会食の店を決めない」のもスケジュール妨害行為に値する。

合意した選定基準書をもとに会食店選びをすれば、下見がなくとも大きく外すことはない。選定基準書を信じて会食店選定に移ろう。

他方、予約の前に下見が必要なのは、忘年会や大型のイベントなどだ。こういったイベントの場合、機材（プロジェクターやマイクなど）を使うことが多いため、機材トラブルなく会場が使えそうかどうかを確認してから予約を入れたい。

心構えとしては、「**上司に提案する前はＷＥＢを中心に複合的にチェック、その後の下見で最終確認を行う**」のがいいだろう。

■会食における「いい店」を決めるのはゲスト

「会食においていい店」とは、店の雰囲気や価格、料理の美味しさのみで規定されるものではなく、会食の目的や背景、ゲストの食の好みの情報によって規定されるということを理解しておこう。**「いい店」は「ゲスト」が決めるのだ。**

つまり、自分の主観で「この店は美味しいしサービスが丁寧だから会食向きだ」と決めるのではなく、会食の趣旨を理解し、ゲストの解像度を高めてから会食候補店を選ぼう。

会食メソッド④ 選定基準書の作成→上司との合意にしたがって選べば、ゲスト起点での会食店選びができるはずだ。

ここからは「一般的な会食店のお勧めの選び方」を伝える。ただ読者の皆さんには、「ゲストがいてこそ会食店の価値が具現化される」ことを念頭に置いて読み進めていただきたい。

■ 店選びは「社内の有識者」に当たれ

さて、選定基準書によって「どういった店を選ぶべきか」を理解したものの、会食経験の乏しい方は店のリストアップに苦慮するに違いない。

総じて、店選びは大変だ。本書冒頭のセリフ（1ページ）のように、「いい感じの店」を上司から振られたときの絶望感たるや、相当なものだろう。そもそも「いい感じの店」というのは、人によってまちまちであるし、用途・シーン・時間帯によって良し悪しが変わるものでもある。しかも、店選びによって会食の質がかなり左右されるのもまた事実だ。難儀であること、この上ない。

だからこそ、「お店に詳しい人」は、周囲から絶大な支持を得やすい傾向にある。読者の皆さんの周りにもそういった方がいればぜひ想像してほしい。その人は「お店に詳しい」うえに「仕事ができる」と、イメージが紐づいてはいないだろうか。「お店に関する造詣の深さ」は、社会人として非常に強い武器になるのだ。

筆者はグルメが趣味でもあるので、こうした特性を生かして、新卒のときからほぼ365日外食を続け、今やお店に関する知識は随一だという自負がある。ビジネスシーンでも、友人とのランチでも、フル活用して、「大いに助かった」と言われる機会も多い。

この知識は誰からも絶大な信頼を得られる方法の一つなので、ぜひ皆さんに身につけていただきたいのだが、一つ難点がある。それは、**店選びは「地道な積み上げ以外の明確な攻略法がない」という厳然たる事実**だ。一朝一夕でできるようになることではない。

話を戻そう。以上より私は、会食初心者の会食店選定においては、**まず、「社内の会食有識者」に当たる**ことを一番のお勧めとしたい。

どの会社においても、グルメ好きの人材や会食経験が豊富な人材がいるはずだ。特に営業系の部署には猛者が多い。上司もクライアントも、あなたが見つけ出した店に行きたいわけではなく、「会食のビジネス目的に適した店に行きたい」のだということを忘れないように。

合意した選定基準書を持って話に行けば、きっとビジネスの目的達成に適した会食店のアドバイスをくれるはずだ。その店を利用した際には、「教えていただいたお店、最高でした！」というお礼と、周囲の方に「○○さんに会食店選びを助けてもらった」の宣伝を必ずセットで行おう。お店を教えてくれる人は、自分のリソースを割いてあなたに名店を教えてくれている。基本動作として心得ておこう。

有識者のアドバイスに加えて活用いただきたいのが、筆者がまとめた特別特典「**珠玉の会食店・困ったときの『ハズさない店』リスト**」だ。シチュエーション・予算を明記しているため、会食店の選定できっと役立つはずだ。リストは166ページのQRコードを読み取れば閲覧できる。PCでの閲覧推奨だ。

新卒の頃から8年以上、365日外食をする筆者が、会食はもちろんのこと、日常生活で活用できるグルメから社内飲み・デートまで使える店を厳選して選んだ一生モノのリストである。

予め伝えておくと、掲載しているのは、基本的に筆者自身が実際に訪問の上、自腹を切るか会食利用で予算感も含めて把握している選りすぐりの名店だ。エリアとしては東京・大阪・京都・兵庫が多いが、今後他のエリアも随時追加していくので楽しみにしてほしい。なおリストの中には、「筆者が足を運べていないが、信頼の置ける名店」も複数存在する。この情報は広告代理店時代の百戦錬磨の先輩を含め、信頼できる複数の筋から得ているので問題はないと思うが、筆者自身が足を運んでいるわけではないので、ご了承いただきたい。

さて、大事なことなので再度伝えるが、「会食においていい店」は「ゲスト」が決めるものだ。有識者のアドバイスや私のリストを鵜呑《うの》みにして会食店を選ぶのではなく、**「選定基準書」をもとにした店を選ぶ**、という観点で会食店を選定してほしい。

■会食の成否を分ける「店選びの基準」

それでは、良い店の基準とは何か。次ページを見れば説明不要なものばかりなのでここでは詳細な説明は割愛するが、忙しいとついつい見落としてしまうことは大いにある。ゆえに、このページには付せんを貼っておくことを強くお勧めしたい。

もちろん飲食店としてのクオリティは追求したいところであるが、それ以上に、「合意した基準書に沿っているかどうか」が肝要だ。もし会食店を探している中で基準書の合意内容と一部違う店を選びたいときは、次の**会食メソッド⑥**上司への提案→承認の獲得のフローで理由を説明しよう。

ちなみに「下見はまだ行かなくてもいい」とお伝えしたが、地下の店の場合には携帯の電波が入らない可能性もあるので、このタイミングで下見に行っておいたほうが良いだろう。

店選びの基準

必須条件	確認
1 最重要：会食メソッド④ で合意した選定基準を満たしているか	□
2 参加者全員のアレルギー・苦手なものが含まれていないか。 ないしはリクエストによって排除ができるか	□
3 上司と合意した予算条件に適しているか	□
4 衛生面、雰囲気、BGMが騒がしいなどネガティブなポイントがないか	□
5 携帯の電波が問題なく入るか	□
6 ゲストの好みを押さえられているか	□
7 シンプルに美味しいか	□
希望条件	**確認**
1「隠れ苦手」に該当しないか	□
2 個室もしくはテーブルの間隔が十分に離れているか	□
3 サービススタッフの気が利くか	□
4 選択理由がストーリーとして語れるか	□
5 座敷以外であるか （足が悪い人に負担をかけてしまうためできればテーブル・掘りごたつの店が望ましい）	□
6 トイレが男女別になっているか（席数が少ない店であれば致し方ない）	□

■飲食店サイトは「2つ以上」で複合サーチせよ

会食店を探すにあたっては飲食店サイトを参考にする人が多いだろう。ここでは、筆者のお勧めの使い方を紹介したい。

1 食べログ

「お店の概要情報の確認」「空席の確認」「自身の会食店のストック」に活用できる。あくまで私の意見でしかないが、口コミ内容と星の評価についてはアテにしすぎないほうがいい。食べログは口コミの投稿レギュレーションが厳しく、ネガティブな投稿は削除される傾向にあるからだ。「評価が低い・あまり高くないから選ばない」というのももったいない。食べログで上位ではなかったとしても、会食に向いている店はたくさんある。

食べログは、写真やメニュー、店の雰囲気や営業時間などの概要を把握しやすいという特長があり、店舗の保存・ブックマーク機能も優秀だ。初期段階のリサーチや、過去の会食で活用してきた店や候補店のストックに大いに活用できる。

最近は食べログ上で予約できる店が増えてきたので、候補日時が空いていそうかの確認にも活用できる。

2 Googleマップ

「ハズレ店の回避」に大いに使える。ここでいうハズレ店とは、「価格に見合った食体験が得られない店」のことを指す。具体的には、サービスにおいて店側の不行き届きがあった、価格に対して味やボリュームに不満点がある、衛生的だと言い切れない、などが挙げられる。

食べログでは星の数が低い=飲食店として優れていないわけではまったくないことを先述したが、GoogleマップのロコミAが著しく悪い場合には警戒したほうがいい。なぜならGoogleマップは投稿レギュレーションが食べログと比較して厳しくないため、ネガティブな情報も含めて赤裸々に語られているからだ。

他方、明らかに関係者と思われるような投稿も散見されるため、「いい店を探す」より「ネガティブチェック」として活用したい。

目安としては、投稿者数が30件以上あるのに、☆の数が

■ 3・5を下回る:口コミ内容を要チェック
■ 3・3を下回る:避けたほうが無難

といったところである。ただ、食べログにも共通するが、星の数はあくまで参考程度とし、

実際に自分の目と舌で確かめるのが最も堅実な方法である。

また、星の数は多いもののレビュアーの口コミ投稿件数のほとんどが3件未満など少ない場合は、関係者がサクラで投稿している、もしくは口コミ投稿の確認と引き換えにサービスを提供していることもある。このように、意図的に評価を上げようとしている店も避けたほうがいい。

3 SNS（Instagramなど）

昨今の飲食店探しにおいて有力なツールだが、グルメインフルエンサーの投稿は注意深く見るべきだ。これは筆者の所感であるが、明らかに企業案件であるにもかかわらず、適切な表示をしていないと思われるケースも散見される。また、掲載されているお店も、会食よりデート向きのものが多い。いつもお店探しにInstagramを使っているという方も、こと会食においては、多角的な情報収集を心掛けてほしい。

4 ホットペッパーグルメ

私見であるが、カジュアルなジャンル・部類の店が多い印象である。ただ、掲載する店の質に大いにブレがあるので私は利用しない。ホットペッパーグルメ経由で予約する際は必ず食べログやGoogleマップも同時に確認し、多角的に情報を集めたい。

5 OMAKASE・Pocket Concierge（高級店向き）

高級店・ハイクオリティレストランに特化したオンライン予約サイトである。予約困難店の空き状況確認・予約が可能なため、1人当たりの予算が2万円以上あるような会食においては重宝する。店によっては電話ではなくこのようなサイトでのみ予約を受け付けている場合もあるので、その際は活用しよう。後述の 会食メソッド⑥ 上司への提案↓承認の獲得で説明するが、周辺情報を伝えるためにも予約完了後に電話でのフォローアップを行いたい。

その他、「一休.comレストラン」の「接待・会食」も、厳選された店が掲載されているだけではなく、写真が豊富なため店の雰囲気の確認には大いに活用できる。

どのツール・サイトも一長一短があるため「これさえ見れば大丈夫！」というものはない。**一番安心なのは周囲の有識者**なので、可能な限り有識者にアドバイスをもらって選ぶのが無難であろう。私のリストもぜひ活用いただきたい。

■「コース」「アラカルト」を選ぶ基準

基本的に、客単価1万円以上の店ではコースを選んでおくとよい。

では、なぜアラカルトよりも、コースが好ましいのか。

理由はいくつかある。まず、**「会食の場で同じものを食べて、感想を分かち合うことで話が弾む」**が挙げられるだろう。また、アラカルトだと注文者が他の参加者の苦手なものを知らずに注文してしまう、注文したメニューの量が不足して一部の参加者しか食べることができず、そのメニューを食べたかったゲストが不満に思う、といったリスクもある。

会食をアレンジした自分が注文の主体となって気配りすればクリアできる場合も多いが、頭を悩ますシーンが増えるだろう。アレルギー・苦手なもののリスクの排除のためにもコース料理を予約し、事前に調整しておくとよい。

なお、**コース料理においてメインディッシュが選べる場合は、迷わず同じものを注文しよう。**味が気になるからといって別々のものを頼み、皿を交換したりするのは会食の場においてはスマートでないからだ。もし別のメニューも気になるという話になったら、「ではぜひまた一緒に」と伝えられると上級者だ。

他方、アラカルトを選択するシーンというのは、客単価1万円未満、少人数でのカジュアルな会食や、1対1のサシ会食などが挙げられる。予算マネジメント上もコースのほうがお勧めであるが、「コースがないので会食店として選ばない」とすると店の選択範囲が狭まってしまう。アラカルトが一律NGというわけではないと認識し、想像力を働かせて、柔軟な使い分けを心掛けたい。

またここで高級店における注意事項を紹介しておこう。一部の高級店では、着座した後に「旬の食材やトリュフなどを追加料金でどうか」という提案がある場合もある。予算が潤沢にあれば注文してもいいが、そうでない大抵の会食シーンにおいては遠慮する他ないだろう。ただ、提案を断ると雰囲気が悪くなる恐れもあるので、できれば店側に、前もって予算感を伝えておくとベターだ。詳細は会食メソッド⑦正式予約と参加者への案内（145ページ）、会食メソッド⑧会場の下見（157ページ）を参照してほしい。

■海外のゲスト対応

最後に、海外のゲスト対応はひとたび間違えると重大な禍根を残すので要注意だ。イスラム教は豚とアルコールが禁止、ヒンドゥー教は肉食が避けられているなど大まかな知識は頭に入れておくといいが、自分の知識のみで決めてしまうのは危険である。社内の海外ゲストに慣れている方にヒアリングをした上で店選びを行い、店側にも必ず相談をしよう。

上司が心強い味方に変わるプランニング

会食メソッド⑥ 上司への提案→承認の獲得

会食候補店のリストアップができたら、上司への提案を進めよう。

ここで必要なのは、「確固たる意志」である。会食メソッド④ 選定基準書の作成→上司との合意（116ページ）で合意した「選定基準書」と合わせて、会食候補店を3つほどリストアップして提案するのがベターだ。

ちなみに広告代理店の競合コンペにおいても、提案はA案・B案のように複数設ける場合がほとんどである。複数案を用意することで、採択者の視点が「提案を採択するか・どうか」ではなく「A案・B案のどちらを選べばいいか」にスイッチされるからだ。この、「**提案の際に複数案を持っていく**」のはビジネスシーン全般で汎用性があるので覚えておきたい。

話を戻そう。自分の中で推奨する店を決めておき、どの店舗がいいか上司からフィードバックをもらおう。その際に「それらの店が会食基準をどう満たしているのか」を説明できるようにしておきたい。次ページにサンプルがあるので参考にしてほしい。

上司への会食店提案資料サンプル

目的

12/11(月)19:00～予定「〇〇社との会食」で利用する会食店を決定する

会食店候補のご提案

	候補①(推奨): レストランA	候補②: レストランB	候補③: レストランC
1人あたり 想定予算 (サービス料込)	¥14,000～ ¥16,000	¥10,000～ ¥13,000	¥12,000～ ¥14,000
料理 ジャンル	フレンチ	フレンチ	フレンチ
会食エリア	銀座駅 徒歩約7分	大手町駅(千代田線) 徒歩約5分	銀座駅 徒歩約3分
個室有無	個室有(利用料5%) ※予算織り込み済	個室有 (利用料なし)	個室有 (利用料なし)
アレルギー・ 苦手なもの	排除可能	排除可能	排除可能
コース料理 orアラカルト	コース	コース	コース
所見	①社内第二営業部〇〇さんが「絶対に外さない店」と太鼓判 ②ミシュランビブグルマン獲得。候補店②、③より価格が高いが各食メディアでも極めて評判が良い	①味・ワインの種類共に申し分なさそうだが、食事のポーションがやや小さそうなのが懸念点 ②候補店の中で最も予算を抑えることができるため、二次会にお金をかけやすい	①以前△△社との会食で利用した店。メインの但馬鴨のロティサリーグリルが美味 ②ワイン(ボトル/グラスともに)の価格設定が高い為、ワインの飲みすぎには注意

参考写真

※候補①～③の画像を添付(店内全体&個室)

※予算は一例であるので、シーンに応じて柔軟に調整いただきたい。

■「確固たる意志」が道を切り拓く

1 推奨店を選ぶべき理由が記載されているか

会食店の選択肢を用意するプロセスで、どの会食店が最適であると判断してもらいたいのかを明確にしよう。

大前提として、「『自分の行きたい店』になっていないか?」は改めて問いかけよう。人間は誰しも無意識のうちに、ついつい自分の行きたい店をベストな選択肢だと誤認してしまう傾向がある。繰り返すが、会食に適した店＝「選定基準書に沿った店」である。

コツは、「上司の視点から見ても、自分の推奨店を選ぶべき理由があるか?」で見直しを行うことだ。ここにも「想像力と確固たる意志」が求められる。

2 予算超過リスク

それぞれの店のメリット・デメリットはもちろんのこと、予算の超過可能性などリスクを説明することで、会食当日の予算超過サプライズを軽減できる。

たとえばこうだ。

「ワインリストに高額なワインが載っているので、ゲストが酔った勢いで高額ワインを頼んでしまった場合、予算超過の可能性があります」

「万が一のときには、ホストの参加者でアルコールの杯数を調整するなどで予算を抑えましょう」

こういった提案があれば、何かあっても上司が腹をくってくれるはずだ。

3 フィードバックは冷静に受け止めよう

食べ物の好みほど、意見が多様に分かれるカテゴリもないだろう。ここまで基準を合意したにもかかわらず、推奨の店が通らない可能性も十分に考えられる。その際には自分の意見に固執しすぎず、上司のフィードバックを冷静に受け止めよう。

資料を作成した目的は**「最高の会食アレンジでゲストに喜んでいただき、ビジネス目的を達成する」**ことだ。「自分の意見を通す」ことではない。自分が真剣に考えたからといって、そのプランが正しいとは限らないことを理解しよう。

ゲストはあくまで、「自分」だけに期待しているのではなく、「自分の所属している会社」に期待をしていることを忘れないように。くどいようだが、結果がすべて、ゲストに喜んでもらえるかどうかがすべてである。

ただし、上司のフィードバックを受けた中でも自分の選択した店のほうが絶対に喜んでもらえる勝算がある場合には、積極的に上司に対して再提案をすべきである。

その際に意識したいのは、上司のフィードバックを再提案にうまく取り入れることだ。フィードバックをした上司としても、一切自分の意見が反映されなければ気分を害するだろう。それを避けるためにも、自分の提案に改めて上司のエッセンスを取り入れて再提案すれば、確実にその提案は通りやすくなる。例えば次のような伝え方だ。

「改めて○○さんのフィードバックを踏まえたプランを持ってきました！　○○さんのおかげでより多角的に店を検討することができるようになりました、ありがとうございます」

「○○さんのアドバイスの通り、選択基準に新たな項目を設けて再度評価をしてみたのですがいかがでしょうか？」

このように話をすれば、上司もきっと理解を示すはずだ。

■本予約と仮予約を意識的に使い分けよ

提案の際に悩ましい論点がある。それは「上司への提案前に会食候補店を予約しておくか、否か」もしくはせめて「予約可能かどうか確認しておくか」である。

結論としては、**手戻りを避けるため、3店舗のうち「推奨の1店舗に関しては空き状況の確認をする」のがよい。**とはいえ、予約を入れてしまうと仮にその店が選定外になった際に迷惑がかかるので、あくまで「正式な予約ではなく、空いているかどうかの確認」だけにとどめておこう。

まずは食べログをはじめ、WEB上で空枠をチェック。WEB上で空枠が発見できなければ電話で確認しよう。具体的にはこのように電話するといい。

「4月1日に6名での予約を考えております。大変申し訳ないのですが現在参加者を調整しているので、正式な予約は本日ではなく3日後の3月15日になってしまいます」

「恐れ入りますが、本日時点で空席があるかどうかだけ先んじてお伺いすることはできますでしょうか。もちろん正式予約の前に埋まってしまっても問題ございません。できる限り早めに予約できるよう準備いたします」

適切な店を予約することはもちろん大切だが、店側に迷惑をかけることは絶対に避けよう。キャンセルの可能性があるにもかかわらず予約をしてしまうと、店の集客機会を失わせてしまう。

その後もし別の店を選ぶことが決定したら、問い合わせた店に連絡を入れるべきだ。「正式に予約をしていないのだから連絡を入れなくてもいい」というのは店に対して不誠実な態度である。

複数の店を予約をしておき、日程が近づいたら行かない店をキャンセルするのも言語道断だ。誠意を持った対応を心掛けよう。「どのような場合であっても誠実に、思いやりを持って対応する」ことはビジネスを成功に導くために極めて重要な姿勢だ。

少し話は逸れるが、相手への思いやりについて、私が広告代理店1年目のときのエピソードを紹介しよう。仕事の発注をした会社のことを、当時私は深く考えず、「下請け」と呼んでしまったことがある。その瞬間、上司が「お前、下請けとは何様のつもりだ！」と血相を変え、このように叱られた。

「〝協力会社〟だろう。我々は協力会社がなければ仕事ができない存在だ。見下すような偉そうな言葉を絶対に使うな！」

「思いやりや誠実さは、一つひとつの言葉遣いに表れる。日頃俺たちのビジネスを支えてくださっている会社を見下すような態度を改めないなら、俺は一生お前の話を聞かない」

この叱責を受けて以降、私は猛省をして、自分の言葉遣いや他者に対する態度を抜本的に見直した。どのようなときでも他者に対して思いやりを持って誠実な態度を取ることは、自分の人生を必ず好転させるのだ。

参加者から一目置かれる情報提供

会食メソッド⑦ 正式予約と参加者への案内

■ 会食店はWEBではなく電話で予約すべき理由

上司から店の選定について承認を取れたら、正式な予約を進めよう。現代はWEBでの予約も可能だが、私の一番のお勧めは電話予約だ。

このご時世における電話予約には確かなメリットがある。それは、**電話の場合、予約時に会食における周辺情報を店に伝えることができる**ことだ。

電話予約の際に最低限伝えるべき「必須情報」は次ページの図の通りである。

予約ミスを防ぐために、**予約希望日時を伝える際には必ず曜日まで伝えよう。**また、二次会を想定している場合は終了目安時刻も伝えておくとよい。終了目安時刻を伝えるのは、後の予定に合わせて適切なタイミングで食事を提供してもらうためだ。

たとえば昼会食の場合は時間が限られている方も多い。相手の持ち時間が10分を切っているにもかかわらずメイン料理が出てこない、といった事態を避けるためにも、終了目安時刻は伝えておこう。

予約人数については、読み切れない場合は最大人数と最小人数を伝え、いつまでに正式に確定できるかを伝えておこう。一般的に、席数を減らすのは店側にとって容易だが、席数を増やすことは難しい。

電話で話すべきこと

必須情報	確認
①予約希望日時	□
②終了目安時刻	□
③予約人数	□
④フルネーム	□
⑤自分の携帯電話番号	□
追加情報	**確認**
①利用用途	□
②自社名と会食相手の業種	□
③料理やワインの予算イメージ	□
④ホストとゲストの人数、男女別の人数	□
⑤「訪問店を楽しみにしている」という純粋な気持ち	□

予約人数に応じて店側は食材の準備をするため、人数が確定した段階で即座に連絡を入れよう。直前での連絡は可能な限り避けたい。リスクヘッジのためにキャンセルポリシーも確認しておきたいところだ。

通常の飲み会であればこれで予約は完了するのだが、ここからが会食店の予約において重要なポイント「追加情報」の提供だ。まず前置きとして、電話の際に次のように伝えよう。

「実は今回、会食での利用を予定しております。お忙しい中恐れ入りますがご相談差し上げたいことがあり、あと5分ほどお時間を頂戴することはできますでしょうか」

その上で、「追加情報」を店に伝えるのだ。これが会食成功のための重要なポイントとなる。厳密には後述の会食メソッド⑧会場の下見（157ページ）の際に共有することが多いのだが、このタイミングでお願いするケースもあるため、ここで詳しく説明しておきたい。

1 利用用途

会食利用であることを伝えておくと、席配置において配慮してもらえる場合がある。店の事情を考慮せずにこちらから強引に座席のスタイルを指定するわけにはいかないが、個室や半個室を優先的に確保してもらえることもある。

店と席の相談をする場合は、具体的にどの席を希望しているのかを伝えるようにしよう。「一番いい席で」のような不明瞭な表現は避けたい。

2 自社名と会食相手の業種

「そんな情報まで伝える必要があるのか？」と思う方もいらっしゃるだろう。

目的はトラブル回避である。具体的には、**「自社やクライアントの関係者や競合企業と近**

く の席に配置されることを避ける」ためだ。

ここで、私があるテレビ局との会食の際に経験した、今でも忘れられない失敗事例の話をしよう。初めて利用する店で会食をセッティングしたときのことだ。なんと隣の席で、競合代理店である博報堂の社員が、競合のテレビ局（これを裏局という）と会食している現場に鉢合わせてしまったのだ！

これは、不運で片付く話かというとそうではない。後からわかったことだが、実はその店は「博報堂社員御用達」。私はそれをまったく知らずに、予約をしてしまっていたのだ。終始非常に気まずい雰囲気でその会食は終わり、次の日にその話を聞いた上司にこっぴどく叱られた。

こういった「競合バッティング」を避けるためにも、自社名とクライアントの業種名くらいは伝えておいたほうが無難だ。もし同日・同時間にバッティングする予約が入っていた場合は、店側が配慮した席配置にしてくれるか、別時間の提案をしてくれるだろう。

3 料理やワインの予算イメージ

予算の制約がある会食において、一番のノックアウトファクターとなり得るのがワインである。高級店であればあるほどワインの価格が青天井となっていく。前もって予算のイメージなどを伝えておいたほうが、ソムリエも配慮した提案をしてくれるようになる。

実際の会食シーンでは、もてなすホストがソムリエと会話をしながらワインを選んでいく場合が多い。伝えておくに越したことはないだろう。

4 ホストとゲストの人数の内訳、男女別の人数

ホストとゲストは同人数であることが理想であるが、場合によっては人数がアンバランスになることもあるだろう。その場合は席の配置をどのようにするのが好ましいか、店と事前に相談しておくと当日困らない。男女の内訳も伝えておくとベターである。

5 「訪問店を楽しみにしている」という純粋な気持ち

「今回は大切な取引先様との会食で利用したく予約いたしました」

「以前利用した私の上司からサービス・食事ともに素晴らしいと聞いております。今回お伺いできることを心より楽しみにしております」

このように一言伝えておくだけで、下見の際の印象も良くなり、要望を伝えやすくなるのでお勧めだ。

なお初めて利用するお店の場合は、電話ではなく下見の際にこれらの情報を確認するほうが好ましい。私は実際のワインリストを見ながらコミュニケーションを取るほうが予算マネジメントをしやすいため、下見の際に確認することがほとんどだ。慣れないうちは電話と対面の両方で確認するクセをつけるといいだろう。

■ キャンセル・延期にはリカバリープランで対応する

ゲストや上司の事情によって会食が延期になり、急きょ店の予約がキャンセル、もしくは延期になることもあり得る。特に高級店の場合は数日前でもキャンセル費用がかかるため、直前のキャンセルはなんとしても避けたいところだ。クライアントから直前にキャンセルの要望を受けた場合は、上司と相談の上、必要に応じて社内の人間を誘って社内飲みをアレンジするなども検討したい。

重要な前提として、**キャンセル費用は交渉すべきものではなく、店側の判断に委ねるべきものだ**ということを覚えておこう。店側の好意でキャンセル費用を請求されなかった場合は、会食以外でも友人を誘って訪問するなど、店への恩返しをしよう。

延期であれば別日程を提示することで、店側がキャンセル費用を請求しない場合もあり得るが、私は3日前のキャンセルなど「お店の集客に大きく影響を与えてしまうとき」にはリカバリープランを用意するよう心掛けている。

具体的には、リスケが決まった際に、店にこう連絡を入れよう。

「お忙しい中失礼いたします。4月1日19時から、6名で予約をさせていただいておりましたyuuuと申します。大変申し訳ないのですが、当日に予定していた会食が相手側の都合によりキャンセルになってしまいました。申し訳ございません」

「ここまでご準備いただいていたかと思いますので、もしよろしければ私の友人を連れて個人的にお伺いしようと考えております。6名のところ4名に人数が減ってしまうのですが、それでもよろしいでしょうか」

このようにお店に対しては誠実な態度で接しよう。一つひとつの誠実さの積み重ねが、会食を成功させるためには極めて重要である。

こうした対応を繰り返していると、徐々に自分を好意的に思ってくれるお店が増える。そうしてあなたの「ファン店」が増え、徐々に「行きつけの店」に進化していく。

こういった店を複数作ることこそが、結果として自分の身を助けることにつながるのだ。

細かい気配りによって店側がファンになってくれることもある。たとえば他のお客様の注文をサービススタッフが間違えたのを見た場合。私は「あ、そのメニューちょうど頼もうとしていたんですよ！　今出されたもので大丈夫ですので、よかったらそのまま提供いただけませんか？」と伝えるように心掛けている。通常であればオーダーミスは廃棄になるため、サービススタッフから感謝の言葉を頂けることが多い。

■会食店の情報共有は「住所までコピペ」せよ

店の予約が完了した時点で、カレンダーでブロックしていた日時に会食店の情報を追記しつつ、ゲストと社内の参加者に対して予約店の詳細を伝えよう。参加者の負担を、限りなくゼロに近づけることがこのメソッドのカギだ。

特に、次の情報を盛り込むとよい。

■日時（曜日を含める）

日付や時間はもちろんのこと、ミスがないように曜日まで記載しよう。

■店の「住所」ベタ貼り

食べログやGoogleマップのリンクだけ送るという方も多いが、私はぜひ**住所をテキスト**

で記載することを推奨したい。なぜなら①参加者の移動の際に、コピー&ペーストでマップへの住所入力が容易になる、②タクシー利用の際は運転手に住所を即座に伝えられる、からだ。

アプリにしか情報がない場合、わざわざアプリを開くという手間がかかる。文章中に記載をしておくと親切である。

■最寄り駅からのアクセスと距離・所要時間

会食参加者が遅れる理由として特に多いものは何か。それは「会食場所が想像以上に駅から遠かった」である。こちらもURLだけで案内すると、参加者が直前にしか確認せず、結果として遅刻の可能性が高まってしまう。

駅からのアクセス情報もメール・カレンダーに文章で記載しておこう。駅から徒歩何分か、駅の何番出口から近いかまで記載をできると万全である。

■会食店のWEBサイト

掲出するリンクは店のWEBサイトが最優先である。食べログやGoogleマップなどの口コミサイトの場合、評価という先入観が生まれるからだ(今日のお店は食べログの評価がいまいちだな……とゲストに余計な勘ぐりをさせるのは、会食のノイズとなり本質的でない)。

仮にWEB上の評価が良い場合でも、ネガティブな口コミを見られる可能性もあるので、

カレンダーブロック更新内容イメージ

会食日時
12/11(月)19:00-終了時刻未定(二次会の可能性高)

会食参加者
〇〇社 マーケティング部
塩原部長/大和課長/三島次長

自社 第14営業局
鎌田部長/高垣課長/yuuuプロデューサー

会食場所
レストラン〇〇
公式サイト:https://www……
電話番号:03-〇〇〇〇-〇〇〇〇
コース料理となります。アレルギー・苦手なものの伝え忘れ等がございましたらご連絡くださいませ

アクセス・住所
銀座駅B5出口より徒歩7分
東京都中央区銀座1-〇-〇 〇〇ビル3F

ドレスコード有無
スマートカジュアル(男性はネクタイ不要/ジャケット着用でお願いします)

------------------ 以降は社内にのみ送付する ------------------

二次会の想定
スナック〇〇を6名で仮予約済。当日塩原部長の要望に合わせて臨機応変に対応予定(スナック〇〇には当日にキャンセルになる可能性を伝えております)

お渡しする手土産
「ぎんざ空也」の最中を用意する予定です(予約済、12/6〈水〉に購入予定)
その他お勧めの手土産やプレゼント等がございましたら情報共有いただけますと幸いです

可能な限り評価のついていないWEBサイトを優先したい。

■ドレスコードの有無

高級店であればドレスコードの記載が必須だ。昨今のビジネスシーンでは、大企業においてもカジュアルな服装で出社している場合もある。ゲストに恥をかかせることのないよう、予め伝えておこう。

参加者の役職が高い場合は、招待状の作成が必要なこともある。上司に招待状が必要かどうかを確認しておきたい。次ページが招待状のサンプルだ。なお、招待状はメールでの詳細情報よりも簡単な情報記載に留めておく場合が多い。

招待状サンプル

20〇〇年〇月吉日

株式会社□□
マーケティング部 部長
塩原 〇〇　様

株式会社博通広告社
第14営業局 部長
鎌田　〇〇

拝啓　時下ますますご清祥のこととお慶び申し上げます。
平素は格別のご高配を賜り、厚く御礼申し上げます。
先日ご内諾いただきました懇親会を下記の通り開催いたしたく、
ご案内申し上げます。ご多用中、誠に恐れ入りますが、ご臨席賜りますよう
お願い申し上げます。

敬具

記

日　時　12月11日(月)19時00分より
場　所　「レストラン〇〇」
東京都中央区銀座1-〇-〇　〇〇ビル3F
電話　03-〇〇〇〇-〇〇〇〇
銀座駅B5出口より徒歩約7分

(アレルギーや苦手な食材等がございましたらご遠慮なくお知らせください)
※ご案内先ならびに弊社出席者は別紙の通りとなります。

以上

〈ご案内先〉
株式会社□□
マーケティング部 部長　塩原　〇〇　様
マーケティング部 課長　大和　〇〇　様
マーケテイング部 次長　三島　〇〇　様

〈弊社出席者〉
株式会社博通広告社
第14営業局 部長　鎌田　〇〇
第14営業局 課長　高垣　〇〇
第14営業局 プロデューサー　yuuu

下見はチェックリストで万全に仕上げる

会食メソッド⑧ 会場の下見

予約電話で前始末を済ませたといっても、現地に行かないとわからないことはまだまだある。

下見の際には、事前に電話で予定を調整するのがマナーだ。店側にも手間をかけるため、できればオープン前などの時間を頂いてチェックをするべきだ。アポイントなしで押しかけるのは他のお客様の迷惑になるため避けよう。

お店側との情報共有をこのタイミングで行う場合は、146ページの「電話で話すべきこと」を確認してほしい。

■下見で確認すべき4つのポイント

読者の皆さんは159ページの「下見の時のチェックリスト」を見て、「ここまで細かく確認・相談するのか」と思われるかもしれない。中には、「細かく店に対して要望するのは、迷惑なのではないか」と思われた方もいるだろう。

実は、ここに「下見の前に予約をしておく」理由がある。**必要な確認事項がこれほどあるからこそ、できれば店の予約が確定してから下見に行きたい**のだ。

仮にここまで徹底的に下見をしたにもかかわらず、会食メソッド⑥上司への提案→承認の獲得（138ページ）が通らなかった場合は、自分のリソース浪費はもちろんのこと店側に迷惑がかかってしまう。

私の経験上、店をリスペクトし、誠意を持ったコミュニケーションをすれば、細かい相談をしても、お店側にネガティブに捉えられることはない。向こうもプロだ。

だからこそ、事前の電話予約の際に店に対するリスペクトを伝えておこう。自分がこの店で会食することをどれだけ楽しみにしているのか、なぜこのお店を予約したのか。そういった熱意をもったビジネスパーソンに対しては、期待に応えてくれるお店がほとんどだ。安心してほしい。

1 駅からのアクセス・最寄りの出口

当たり前であるが会食に遅刻は厳禁である。当日になって迷って焦るのを避けるためにも、事前に立地や最寄りの駅の出口は確認しておきたい。

タクシーで現地に向かうケースも多々あるので、場所を押さえておくとタクシーの運転手に伝えやすくなる。

2 タクシーをつかまえやすい場所

タクシーのよく通る道やタクシー乗り場を押さえておくと、二次会への誘導や見送りの際にスマートに導線を描けるのでお勧めだ。

事前に店のサービススタッフに依頼をしておくのも手だが、実際の会食の場では誰が一次会で帰宅し、誰が二次会に残るのかなどをその場で判断することも多い。場所を押さえておくに越したことはないだろう。

下見の時のチェックリスト

確認したいポイント	確認
1 駅からのアクセス・最寄りの出口	□
2 タクシーをつかまえやすい場所	□
3 席配置(上座・下座)	□
4 喫煙場所	□
店に伝えたいポイント	**確認**
1 手土産・持ち込む物品情報	□
2 全体の予算感	□
ネガティブチェックポイント	**確認**
1 衛生面	□
2 お手洗い	□
3 BGM	□
4 店員の立ち振る舞い	□
5 携帯の電波が問題なく入るか	□

3 席配置（上座・下座）

事前に上座・下座の確認をしておこう。上座・下座を把握しないままゲストを下座に座らせてしまうことは避けたい。筆者個人としては、「上座・下座問題」は超重要視すべきことではないと考えているが、ここまで努力をしてきて、こんな些細《ささい》なところで減点されるのももったいないものだ。会食の本質に目を向けてもらうためにも、減点要素は一つでも減らしておこう。

通常は壁際もしくは窓際の店内を見渡せる席が上座となる。割烹・料亭では床の間を背にした席が上座となる。イタリアンやフレンチではわかりにくい場合も多い。景色がいい席の方が上座になる場合もある。わからなければ事前にサービススタッフに確認しておこう。

一般的には、席次を決めていくと、メインゲスト・メインホストを中心としたお見合い形式で向かい合う席になる。ただ、上位役職者が参加する場合や、戦略的に「ホストの誰が、ゲストの誰に対してどのような話をしたいのか」などのゲームメイクが求められる会食では、事前に席次表を準備して上司と認識を合わせるとよい（その際は上座・下座のレギュレーションを気にしすぎる必要はない）。

その際は「本日は皆様と懇親を深めるために、交互に座るように席配置をしております」と一言加えれば、下座側の座席になった方も目くじらを立てることはないはずだ。

4 喫煙場所

参加者に愛煙家がいる場合も多くあるだろう。2020年4月の改正健康増進法の施行により、一部のバーやスナックを除いてほとんどの飲食店が禁煙となった。喫煙専用室があるか、ない場合は近場に吸う場所があるかなどを予め確認しておきたい。

店側に伝えておく2つの重要情報

1 手土産・持ち込む物品情報

手土産を用意する場合、事前にサービススタッフに持ち込む旨を伝えよう。

ゲストに渡す手土産を（バレないようにするためとはいえ）床に置くのは好ましくない。**サービススタッフに預かってもらい、渡すべきタイミングで取りにいく**のがスマートだ。「手土産を用意するほど大切な相手とご一緒する会食である」ことを伝えておくと、席配置やサービスなどで配慮してもらえる可能性もある。

ゲストへのプレゼントとしてワインを用意するときには、「その場で飲もう」という流れになり得ることを想定しておこう。その場合は必ず店に相談が必要だ。ほとんどの飲食店で持ち込み料が発生するためである。

なお持ち込むのは、原則として店に置いているよりもグレードが高いワインにしよう。持ち込み料は取っているとはいえ、持ち込みワインを開ける＝店の収益機会を失わせることに他ならないからだ。ただし、相手の年齢や誕生日に合わせたワインを渡すなど特別な理由があり、結果としてグレードがそこまで高くないワインを選択するのはＯＫだ。その場合もその旨を伝えておこう。

2 全体の予算感

事前に予算感を相談しておくと、予算大幅超過で上司が顔面蒼白《そうはく》になるカタストロフィック・イベントを回避しやすくなる。特にサービススタッフに「予算を上回る可能性が出てきた際に、自分にこそっとアラートを出してもらう」ことをお願いしておくと、自分の身を助けることになる。すでに伝えているが、予算におけるノックアウトファクターとなり得るのはワインだ。「予算の範囲内でお勧めのワインを私たちに推奨してほしい」と話を通しておけば、予算超過のリスクを大幅に下げることができる。

■ 忘れてはならない5つのネガティブチェックポイント

私の経験上、下見の結果でその店での会食を取りやめたことはほとんどない。しかし、念のため注意して見ておいたほうがいいポイントがある。もし初めてのお店で、かつリードタイムがあるようであれば一度はプライベートでも訪問しておきたい。ネガティブチェックをした中で違和感がぬぐえなかった場合は、店を変えるのも手だ。

1 衛生面

調理場だけでなくエントランスなども注意して見ておこう。中には衛生面で問題がありそうなお店も存在する。ゲストが不愉快に感じそうなレベルの場合は避けたほうがよい。

2 お手洗い

特に女性の参加者がいる場合、できる限り男女別のお手洗いがあるお店を選ぼう。また、歴史のある飲食店の中にはいまだに洋式トイレを導入していないお店もある。ゲストによってはネガティブな印象を持たれかねないので可能な限り避けたいところだ。

3 BGM

カジュアルなお店の場合、BGMが騒がしい、もしくは会食には不適切なアップテンポな曲を選定しているお店もあるだろう。

気心の知れた仲であったとしても、会話に支障が出る、または会食のトーン&マナーに適さないBGMが流れているお店は避けよう。なお、戦略的に昭和歌謡や懐メロが流れているお店を選ぶ場合はその限りではない。

4 店員の立ち振る舞い

ごく稀に、客の目の前で店員の指導をするお店がある。客側の心情とすれば店員の教育は見えないところで行ってほしいもので、好ましく思う人は少ないだろう。

そのため、そういったシチュエーションに遭遇した場合は、念のためキャンセルするに越したことはない。当然、自分たちの会食の際にも生じる可能性があるからだ。

また、店員がスマートフォンをいじっている、ないしはタバコを吸っている姿が見えてしまうお店は必ず避けるようにしよう。

5 携帯の電波が問題なく入るか

エグゼクティブにとって携帯の電波が入らない状況は致命的だ。会食店選定においてNGとなるため、細心の注意を払いたい。これに関しては下見のタイミングで気づいても間に合わないこともあるため、地下の店の場合は会食メソッド⑤会食店の選定・空き状況の確認（125ページ）のタイミングで下見に行って確認をしておこう。地下の店でなくても、奥まった店であれば同様に携帯がつながらないケースが多い。

もし、参加者に会食店として共有した後で気づいた場合は、Wi-Fiがあるかどうかを確認のうえ、会食当日にWi-FiのIDとパスワードを席に置くようにしよう。電波の悪い店であればほとんどの確率で置いてあるはずだ。

第3章まとめ

- 上司に提案する前はWEBを中心に複合的にチェックし、その後の下見で最終確認を行う。
- 店選びが苦手なら、原則「社内の有識者」に当たるのがよい。
- 自分の行きたい店ではなく、選定基準書に合った店を選ぼう。
- 予約は必ず電話でするように。その際、必須情報に加えて追加情報を共有すること。
- 下見はチェックリストを活用して見落としのないように。
- 店側には絶対に失礼のないように。迷惑をかけた場合はリカバリーする。

特別特典

珠玉の会食店・
困ったときの「ハズさない店」リスト

私が365日ほぼ毎日外食生活を送る中で見つけた

- 珠玉の会食店リスト
- 社内飲み／デートのハズさない店リスト（6,000円以下／1人）
- ランチ／一人メシのハズさない店リスト（2,000円以下／1人）

をGoogle スプレッドシートに厳選してまとめたものだ。本書の出版以降も不定期で更新する予定である。

会食の店舗選びはもちろんのこと、日々の飲み会やデート、一人飯にもぜひ役立てていただきたい。PCでの閲覧推奨だ。リンクをコピーして個人のメールアドレスなどに送るなどして使っていただきたい。

※「珠玉の手土産・プレゼントリスト」も同じシートのタブに搭載している。

第4章

会食3日前まで付加価値を生み出す2つのタスク

ここまで会食メソッドを進められれば、あとは総仕上げだ。

本章では、会食に付加価値を生み出すために行うべき2つのことについて解説する。

まずは手土産。

「手土産？　古くさい文化だな」と思われた方へ。手土産こそ「想像力の集大成」であり、相手に「あなたをどれだけ大切に考えているか」を伝える最強のツールである。

そして会食後の二次会準備に関しては、多くの読者の皆さんが頭を悩ませていることだろう。柔軟な対処が求められる二次会対策についても、でき得る限りの最適解を解説した。

本章の「前始末」を徹底することで、会食当日の効果は飛躍的に向上すること間違いなしである。ここまでのタスクで負担を感じているかもしれないが、ぜひ最後まで力を抜かず、会食セッティングをやり抜いていただきたい。

手土産に「価値あるストーリー」を込めよ

会食メソッド⑨ 手土産・プレゼントの購入

■手土産とプレゼントの違いを知ろう

よく「手土産」と「プレゼント」を混同されている方が見受けられるので、それらの違いについて私なりの定義をお伝えしたい。それぞれの定義は次の通りである。

■手土産：ゲストの「ご家族」に向けた贈り物

■プレゼント：ゲスト本人に喜んでいただくための贈り物

実はこの差は、想像以上に大きい。

ここでゲストのことを想像してみよう。

まず、ゲストはどのような日常生活を送っているだろうか。

ゲストは基本的に、忙しい。朝から必死で働き、夜は家族との時間を大切にしたいのかもしれない。だとすると、ゲストは家族で過ごすべき貴重な時間を今日の会食のために割いてくれているのだ。

そのことを、私たちホストは決して忘れてはならない。だからこそ、貴重な時間を頂いたお礼として家族に向けた手土産を渡すのだ。

ゆえに、手土産は難しい。考えるべきはゲスト本人のことだけではないのだ。どういった家族構成で、今どのようなライフステージを歩んでいるのか。本人はどういったことに悩んでいそうで、この手土産を通じてどういった会話をしてほしいのか。相手の人生・家族にまで想像を巡らせて選定するのが手土産である。

なお、手土産は「ご家族に向けた贈り物」と伝えたが、実際、日本のすべてのビジネスパーソンが家族と円満なわけではないことは考慮しておこう。「手土産」にすべきか、「プレゼント」にすべきかはゲストの周辺情報を踏まえて判断したい。独身の方へはプレゼントが基本になる。

また、会食のゲストが昇進した、プロジェクトで大成功を収めた、もしくは異動が決まったなどの場合はプレゼントでもまったく問題はない。自分が判断に迷った場合は上司に情報を共有して判断を仰ごう。

なお、**手土産・プレゼントを渡していい相手かどうかは必ず事前に上司に確認しておく**のが重要だ。たとえば公務員やみなし公務員に対する手土産・プレゼントの贈呈は禁止されている。

また、公務員だけでなく手土産・プレゼントを受け取った場合に人事に報告が必要な企業もある。こういった企業に所属するゲストに対して手土産の準備は不要である。会食メソッド④選定基準書の作成↓上司との合意（116ページ）で上司に確認を取ればこのミスは避けられるので、そこで片付けておこう。

判断がつかないことに一人で悩んでトラブルを起こすくらいなら、自分の意見や仮説を持った上で上司に相談するに越したことはない。一度話をしておけば、何かあったときに上司を共犯者にすることもできる。

■ ゲストを究極まで「想像」し、手土産で付加価値を生み出す

手土産・プレゼントともに大切なのは「かけた金額の大きさ」ではない。ストーリーだ。あなたはなぜこの手土産・プレゼントを、今相手に渡したいのか。そこまで想像し、考え抜いたものであれば、相手の心は必ず動くはずだ。

たとえば、単に美味しいお菓子や流行りのものを渡すだけではまだまだである。ゲストと

ご家族の関係性、ご家族のライフステージまで想像を巡らせた上で、ベストと思えるものを渡そう。全員に同じものを渡す必要はない。値段に大きな差が出ない限りは、参加者に応じて品物は個別でカスタマイズしても構わない。

ここで「想像力」について、かつての上司の今でもよく覚えているエピソードを紹介したい。筆者が広告代理店で担当局のゲストの昇格をお祝いする祝電を用意していたとき、当時の上司が私に「祝電はゲストの自宅に送れ」と指示した。その上司は理由をこう語っていた。

「祝電を会社宛てではなく、自宅宛てに送れるかどうかが腕の見せどころだ」

「祝電は、昇格した本人じゃなくて家族に見ていただきたいんだよ。自分の昇格を家族に伝える機会はなかなかないからな」

「だからこそ、広告代理店が祝電を通じて、『あなたのご主人は評価を受け、昇格した。さらに広告代理店の役職付きの人間から祝電が自宅に届くほど大切にされている存在だ』と伝えるべきなんだ」

プライバシーが重要視される昨今のビジネス環境においては議論の余地があるにしろ、本エピソードで「相手を大切に思うとは、どういうことか」がわかるのではないかと思う。

なお、テレビ局―広告代理店間というのは互いに一蓮托生《いちれんたくしょう》のパートナーであることから、そういった踏み込んだ取り組みまですべきだというのが先の祝電の背景だ。画一的に「自宅に祝電を送るべきだ」とアドバイスしているわけではないと明記しておく。

大切なのは、**相手との関係を踏まえ、「想像力」をフルで活用する**ことだ。私は「想像力」とは、「自分の提案や行動、生み出そうとしている価値を受け取る側の立場であればどのように感じるのか、論理的・情緒的観点の双方で考えを巡らすこと」だと考えている。

本書で伝えている「想像力と確固たる意志」を持てば、会食のみならずすべての仕事が付加価値創出に繋がることを約束する。

■最高のプレゼントを見つけるための情報収集リスト

ゲスト本人に手渡すのがプレゼントだ。しかし、相手の心を動かせるプレゼントは、一朝一夕で考えつけるものではない。ではどうするべきか。

答えは、相手のファンになることだ。常日頃から興味・関心を持ち「どうすれば喜んでくれるか」を考え続ける。ファンとしてゲストが喜ぶことを考え、行動し、精神的なつながりを構築していくことだ。

そして、精神的繋がりを持つとは、言い換えれば「相手に、自分のファンになってもらうこと」、そして「相手の人生に向き合う覚悟を持つこと」である。そのために最も確実かつ

プレゼントのための情報収集リスト

「相手の周辺情報」をメモしておく

- 誕生日
- 家族情報
- 休みの日にすること
- 最近興味を持っていること
- ライフステージ

「相手のお薦め」にチャレンジする

- 映画
- 本・マンガ
- 飲食店
- 観光地
- ビジネス上のアドバイス

普遍的なアプローチが「まず自分が、相手のファンになる」だ。古典的名著『影響力の武器』（ロバート・B・チャルディーニ著）などにある「返報性の法則」を活用したい。行動をもって「私はあなたのことを、心から大切に思っています」と伝え、関係を結ぶことで、その他大勢のビジネスパーソンと比較して特別扱いをしてもらえるのだ。

具体的には、上のリストにあるような行動を取るといい。このように情報を日々収集しておけば、会食中のプレゼントで核心をつく提案ができるようになる。

また、手土産の上級テクニックとして、「専属運転手に手土産を用意する」がある。相手が日系大企業のエグゼクティブの場合、専属の運転手がいるケースがある。その情報をつかんだ場合、上司に対して「ゲストだけではなく、○○さんの運転手さんへの手土産も用意してよろしいでしょうか。そこまで気配りすると

郵便はがき

料金受取人払郵便

渋谷局承認

2087

差出有効期間
2025年12月
31日まで
※切手を貼らずに
お出しください

1 5 0-8 7 9 0

1 3 0

〈受取人〉
東京都渋谷区
神宮前 6-12-17
株式会社ダイヤモンド社
「愛読者クラブ」行

本書をご購入くださり、誠にありがとうございます。
今後の企画の参考とさせていただきますので、表裏面の項目について選択・ご記入いただければ幸いです。

ご感想等はウェブでも受付中です（抽選で書籍プレゼントあり）▶

年齢	（　　　）歳	**性別**	男性 ／ 女性 ／ その他
お住まいの地域	（　　　）都道府県 （　　　）市区町村		
職業	会社員　経営者　公務員　教員・研究者　学生　主婦 自営業　無職　その他（　　　）		
業種	製造　インフラ関連　金融・保険　不動産・ゼネコン　商社・卸売 小売・外食・サービス　運輸　情報通信　マスコミ　教育 医療・福祉　公務　その他（　　　）		

①本書をお買い上げいただいた理由は？
（新聞や雑誌で知って・タイトルにひかれて・著者や内容に興味がある　など）

②本書についての感想、ご意見などをお聞かせください
（よかったところ、悪かったところ・タイトル・著者・カバーデザイン・価格　など）

③本書のなかで一番よかったところ、心に残ったひと言など

④最近読んで、よかった本・雑誌・記事・HPなどを教えてください

⑤「こんな本があったら絶対に買う」というものがありましたら（解決したい悩みや、解消したい問題など）

⑥あなたのご意見・ご感想を、広告などの書籍のPRに使用してもよろしいですか？

1　可　　　　2　不可

※ご協力ありがとうございました。

【ビジネス会食　完全攻略マニュアル】118948●3750

ゲストもきっと喜ばれると思います」と聞いてみよう。上司も、そこまで広い視野で会食準備に臨もうとする姿勢に喜ぶはずだ。

私も何度か運転手向けの手土産を用意したことがあるが、いずれも「ここまで手土産で気を配ってもらったのは初めてだよ」と驚かれた。もし機会があったら取り組んでほしい。

■「価値」あるストーリーを生み出すヒント

これまで手土産・プレゼントの内容ではなくストーリーの重要性を説いてきたが、どのようなストーリーであれば価値を感じてもらえるのか。一例を挙げたい。

私がプレゼントを決める際に重宝しているのが、さまざまなチャレンジができる「体験型のギフト」である。たとえば、次ページの「ストーリーアイデアリスト」に沿って「このカタログの中にあるこの体験をご夫婦で（もしくは配偶者の方に）チャレンジしていただきたい」と伝えるのだ。カタログはゲスト自身が好みのものを選べるので有用だ。

忘れないでほしいのは、このリストから選んだだけで思考停止するのではなく、自らゲストの情報を収集し、**自分の「想像力」を使って考え抜いて渡すこと**だ。ゲストのことを思い、懸命に考え抜いた時間は、プレゼントを渡した後も決して無駄にはならない。

手土産・プレゼントの価値を上げるストーリーアイデアリスト

ゲストのライフステージに絡める

- お子様の受験
  ➡ お守り、マヌカハニーを使った食品(お子様の体調管理を意識)
- お子様の運動会
  ➡ 今大切なこの瞬間を収めるためのカメラレッスンのプレゼント
- 配偶者の妊娠
  ➡ ストレスを発散できるリラックスギフト、奥様が喜ぶお菓子ギフト、メモリアルフォト(マタニティフォト)撮影チケット
- 配偶者の出産
  ➡ 子ども見守りカメラ、一人の時間を楽しむ癒やしのスパ・エステ体験ギフト、夫婦で新しい趣味を見つけるための体験ギフト

入手に時間がかかる

- 大行列ができている話題の商品
  ➡「○○さんのことを思いながら1時間待ちました!」というように伝えるとよい

限定感がある

- ゲストが好きな料亭の逸品
- 「幻の商品」といわれるような入手困難なもの
- ボトル入りの紅茶・日本茶
  ➡ 特にロイヤルブルーティーは名入れラベルのサービスがあり重宝する
- つくりたてのクラフトビール
  ➡ 工場のつくりたてを自宅まで直接配送してもらえるものがある

自分の地元に絡める

- 地元で人気があるが有名すぎない名物
  ➡ 例:○○出身だからこそわかる「知る人ぞ知るプレゼント」などが望ましい

会社の「想い」に絡める

- B to Cの場合、自分が開発に関わった商品
- ゲストが大切にしたい関係者からのメッセージ動画
  ➡ スマートフォンなどで見せて後で動画を送るとよい

シーズンに絡める

- クリスマス
- バレンタインデー
- ホワイトデー
- 七五三祝い
- 夏 ➡ 特に夏は、思い出を作るためのこだわりの国産手持ち花火（線香花火）などを送るとご家族を持つゲストの印象に残りやすい

周辺情報

- ゲストがSNSに投稿していた好みのウイスキー
- 名入れ彫刻ありのボトルに入ったウイスキー
- 誕生日にちなんだワイン
- ゲストに贈りたい言葉が外箱に書いてある紅茶
  ➡ ムレスナティーのcube boxにはかわいらしいメッセージが書いてある
- ゲストの好きな曲のオーダーメイドオルゴール
  ➡ オルゴール単体だと弱いので何か別の手土産・プレゼントと抱き合わせにするとよい
- 時計好きなゲストに対して時計の皮ベルト
  ➡ 相手の時計のモデルがわかる場合。金属ベルトしかつけていなければ気分転換にどうぞとお渡しするとよい
- ゲストが好きな日本酒・ウイスキーを使ったチョコレート
  ➡ 獺祭・山崎・白州など

■プレゼントはチーム総力戦

手土産・プレゼントの候補が決まったら、一度上司に相談をしよう。確認したいのは次の3点だ。

■予算上問題がないか
■ストーリーを含めて納得性があるプレゼントか
■誰がゲストに渡すべきか

特に「誰がゲストに渡すべきか」のすり合わせは重要だ。「自分がこんなにゲストのことを考えて選んだのに」と思うかもしれないが、全体最適を考えると上司からゲストに渡すほうがいい場合が大半である。

気が利く上司であれば「実は若手の○○が皆さんのことを考えて用意してくれたんですよ」と伝えてくれるだろうし、仮にそうでなかった場合でも、あなたの情熱は上司に伝わるはずだ。

もし会食参加者の中で面識のない方がいる場合は、社内の人間に理解を深めるための質問をした上で手土産・プレゼントを選びたい。いざ渡す際に「私自身は初めてお会いする形となりますが、上司の△△から○○さんのお話をお伺いして、きっとこういったものが喜んでいただけるのではないかと用意してきました！」と言葉を添えれば、必ずや相手の心を打つだろう。

社内の他の参加者にも何を渡すかは伝えておこう。自分が考えていなかった観点での助言をもらえる可能性があるからだ。さらには、「ここまで考え抜いて選んだ」という社内向けのアピールにもなるだろう。

■どうしても思いつかないのは「時間不足」「情報不足」

ここまでで手土産・プレゼントの重要性は理解したものの「そう簡単に相手が喜ぶ手土産・プレゼントなんて思いつかない」と思われた方も多くいるだろう。実際、私もまったく思いつかないままにその会食の日を迎え、結局何も用意することができなかったという経験は両手でも収まりきらない。

お勧めは作業の片手間に考えるのではなく、意識して思考に割くまとまった時間を捻出することだ。1時間もあれば十分だろう。私の場合、思いつかなかった原因は、大抵ビジネスがバタバタしており「そもそも考える時間を確保していない」ケースが大半だった。ただし、**最初の30分が過ぎてもまったく考えつかない場合は情報が足りていない場合がほとんど**のため、上司をはじめ周囲の人にヒアリングをするべきだ。

とはいえ創意工夫のある手土産・プレゼントは必須のものではなく、あくまで会食をより良いものにするためのプラスαと考えればよい。どうしても時間がないときは全員に同じお菓子を用意するだけでも十分である。

ギフトアイデア探しには、**百貨店のＥＣサイトを活用する**のがお勧めだ。特に三越伊勢丹の「MOO:D MARK」は、贈るシーンや相手、ジャンルから選択できるためプレゼント探しにおいては非常に有用だ。他にも百貨店ではないが、「BEAMS GIFT」なども手土産・プレゼントアイデアのヒントとしてよく活用している。グルメ系の手土産だとＷＥＢサイトの「接待の手土産――秘書が選んだ至極の逸品――」も参考になる。

本章末のコラムで詳細な手土産・プレゼントの選びのコツを紹介しているので、ぜひご参照いただきたい。また、本書の特別特典である「珠玉の手土産・プレゼントリスト（１９０ページ）」にも、必ずや喜んでいただけるであろう手土産を紹介している。渡すものが思いつかず困った際はぜひ参照してほしい。

■渡すときに「貸しを作った」と思わせてはいけない

今まで伝えてきた「相手と人間的・精神的な繋がりを持つ」手段として、想像力の集大成である手土産・プレゼントは特に効果的だ。

しかし手土産を渡す相手に「貸しを作ってしまった」と感じさせては、ビジネス会食の意義から外れてしまう。そう思わせないようにする気配りも必要である。

手土産を渡す際に「ゲストに対して意図的に恩を売った」と思わせないためのコツは、**過去に受けた恩と紐づけて渡す**ことだ。仕事で困っているときに助けてもらったといった大きな恩はもちろんのこと、コーヒーを奢ってもらったなどの小さな恩でも構わない。

たとえば、過去に受けた恩について感謝を述べた後に、「いつも私のことを気にかけてくださり、ありがとうございます。普段お世話になっているので、そのお礼としてご用意しました」のような体裁で渡せば、ゲストとしても「貸しを作った」という警戒態勢にならず、喜んで受け取ってもらえるはずだ。このように小さい恩であっても返そうという律儀な姿勢が、きっとゲストの心を打つだろう。

余談ではあるが、私がお世話になっていたテレビ局の担当者は、過去に作った貸し借りを忘れないように「貸し借り手帳」を作成して持ち歩いていた。テレビ局－広告代理店間のビジネスは貸し借りと仁義で成り立っているようなものといえど、「そこまで細かく管理するのは……」と当時は苦笑したものだ。しかし、自分が作った貸しは忘れても「受けた恩は小さなものでも忘れない」姿勢は人付き合いにおいて極めて大切である。

私も社内の上司に何度もご馳走になったら、お礼として「いつも奢っていただきありがとうございます！　これ、〇〇さんが好きそうなお菓子だなと思ったので買ってきました。ぜひ食べてください！」と渡すように心掛けている。こういった小さな積み重ねの一つひとつが、自分の信頼感を高めることに繋がるのだ。

このように、会食では相手に対する深い理解と想像力が求められ続ける。だからこそ徹底した準備を怠ってはならないのだ。

二次会設定という最大の壁を乗り越える

会食メソッド⑩ 二次会の準備

私は今まで幾度となく会食をセッティングしてきたが、この会食メソッド⑩二次会の準備は、**最も高度な想像力が求められるプロセス**と言っていいだろう。実際の会食シーンにおいては二次会を実施するか否かを現場で判断することが多いため、予め参加人数を読むことが不可能だ。さらに、自分たちで二次会の店を準備していたにもかかわらず、ゲスト側のその場の要望で二次会の店、場所が決まることも十分あり得る。

社内の飲み会であれば、事前に確認ができる余地があるため少し難易度は下がる。しかしそれでも「事前準備の要否不明」「開催形式不明」「参加人数不明」に加えて、「開催するかどうかすら不明」までもが揃っている二次会設定は、非常に難しいものだ。

そのような場合においても、利用したことのない飲食店を不用意に予約し、当日キャンセルするのは避けたい。一方で、いざ二次会の開催が決まっても予約を取ることができず、グダグダになるリスクもある。危険極まりない。

せめて読者の皆さんのために、筆者のこれまでの経験を踏まえた最適解をお伝えしよう。それは、**「会食主要エリアで顔見知り・行きつけの頼れるお店を作っておく」**だ。「自分がよき顧客になり、予約段階の情報が不確定でも許してもらえる関係の店を作る」。これが最適解である。

東京においては新橋・銀座・有楽町・新宿などの日系大企業が多く集まるエリア、スタートアップ企業のアクセスが容易な渋谷・神泉・恵比寿エリア、二次会に夜の店に行く可能性の高い会食でよく使われる六本木や西麻布エリア、東京駅や大手町勤務の方によく使われる神楽坂・飯田橋エリアなどだ。大阪では梅田・北新地・福島・本町・なんば・心斎橋・天満などである。

日頃からこのようなエリアで、「このお店は二次会に使えるか？」というアンテナを張っておこう。お店にとって「大切なお客様」とみなしてもらえれば、二次会を決める土壇場においても柔軟な対応を期待できるようになる。こういった「店との貸し借り」ともいえる関係を構築しておくことで、いざというときの会食に万全の態勢で臨めるのだ。元も子もないようだが、土壇場で底力になるのは、常日頃の積み重ねである。

とはいいつつも、金銭的に余裕のない若手パーソンが行きつけの店を作るのはハードルが高いだろう。そういった方には、次の2つがお勧めだ。

1 「上司の行きつけの店」に連れていってもらう

会食慣れしている上司は、いくつかの会食店や、会食後の二次会で使える飲食店のストックがあるはずだ。自分がゼロから関係を構築するとなると骨が折れるが、このような「信頼できる人からの紹介」であれば、お店側もすぐに大切なお客様だと認識してくれる場合が多い。

具体的には、たとえば上司に対して「今後会食セッティングをするにあたってお薦めのお店を知りたく、ぜひ一度〇〇さん(上司)の行きつけのお店にご一緒させていただけませんか?」と相談してみよう。きっと喜んで紹介してくれるはずだ。訪問した際、上司と一緒に店員やマスターに挨拶して、名刺を渡せば覚えてもらえるだろう。「上司お薦めの会食店を紹介してもらう」のは上司との関係構築にも役立つので積極的にチャレンジしてほしい。

ただし、名刺を渡すのはあくまで飲食店やバー、スナックなどに留めておいたほうが無難である。キャバクラやラウンジなどの夜の店で名刺を渡すと、会社宛てにDMが届く可能性がある。信頼できる飲食店以外には渡さないようにしよう。

2 **プライベートの飲食店訪問でリサーチする**

繰り返しにはなるが、プライベートでも飲食店を訪問したら、ぜひ店内全部を見渡して会食に使える店かどうかをメモしておいてほしい。

ランチを利用してお店を探しておくのもお勧めだ。お手洗いに寄る際に店舗全体を見渡す、もしくは「今度会食でもぜひ利用してみたいので、一度店内すべてを見てもよろしいでしょうか」と店員に言えば快く見せてくれるはずだ。

個室店をストックしたいなら積極的に和食や雰囲気の良い居酒屋などをデート場所にするのもいいだろう。

コラム

差をつけるための手土産・プレゼント選びのコツ

手土産・プレゼントで最重要視すべきは「ストーリー」であり、手土産・プレゼントの中身自体ではない。イメージしやすくするために、ここでいくつか手土産・プレゼントにまつわる事例を紹介しよう。

■参加せずして、評価を上げた手土産

自分が会食や飲み会の場にいなくても手土産・プレゼントは有効な一手となることがある。

自分が仲良くしているクライアント担当者と雑談していた際に、そのクライアントの忘年会が渋谷で某日開催される話を伺った。クライアント内の忘年会なので私は参加するはずもないのだが、せっかくならその場を盛り上げたいと考え、次のプレゼントを用意した。

■その会社の創立年度のワイン
■今年1年間の御礼と来年の抱負を書いた手紙

お店側にも「いつも大変お世話になっているお客様なので、サプライズとして忘年会の乾杯のタイミングでお渡しいただけませんでしょうか。もちろん持ち込み料をお支払いします」と伝えて、快諾いただいたうえでのプレゼントだ。

結果、クライアントは大喜び。なんとその忘年会の二次会に、他社の人間で私だけ参加させていただくこととなった。

クライアントと私の間で信頼関係が深まり、その後のビジネス推進に大きく貢献したのは言うまでもない。

なお、これは序章のエピソードに出てくる久保田さんがテレビ局に対して行っていたのを真似したものだ。これは再現性のあるサプライズだと考えている。

■オリジナルストーリーで唯一性を生み出す

私がゲスト側として会食に参加したときに感動した事例だ。キャラクタービジネスを行っている会社が、会食の最後に私にぬいぐるみをプレゼントしてくれた。

「このキャラクターかわいいでしょう? yuuuさんはかわいいものが好きなので、絶対この子を気に入ると思ったんです!」

「yuuuさんの顔を思い浮かべながら選んだぬいぐるみなので、yuuuさんが生みの親ですよ。大切にしてください」

こう言葉を添えて、渡された。あまりにも思いやりに溢《あふ》れたストーリーテリングだったので、思わず感激してしまった。今でもそのぬいぐるみは私の家に大切に飾られている。

BtoCメーカーであれば、自社製品を手土産・プレゼントとするのは鉄板であろう。そこにストーリーがあるとそれだけで受け取り手の喜びは倍増する。「〇〇さんのことを思い浮かべながら選びました」は相手に刺さる強烈なキーワードなので、ぜひプレゼントを渡す際に参考にしていただきたい。

第4章まとめ

■手土産はゲストのご家族向け。プレゼントはゲスト当人向け。使い分けの意識が差を生み出す。

■自らゲストの情報を収集し、自分の「想像力」を使って考え抜いて渡そう。

■「貸しを作った」と思わせてはいけない。手土産・プレゼントは「過去に受けた恩」に紐づけて渡そう。

■二次会の準備は結局「常日頃の信頼の積み重ね」。行きつけのお店を作っておこう。

特別特典

珠玉の手土産・プレゼントリスト

何度も会食のセッティングを繰り返し、手土産・プレゼントを選び続けてきた私が紹介する、至高のリストである。

一般的に喜ばれやすいものを厳選しているが、実際はゲストの特性に応じて、最適な手土産・プレゼントを選ぶようにしていただきたい。
※「珠玉の会食店・困ったときの『ハズさない店』リスト」も同じシートのタブに搭載している。

第5章

会食「2日前」
最後の仕上げで
完璧な会食をデザインする

会食メソッド①会食の背景／目的の理解・設定から会食メソッド⑩二次会の準備まで徹底した前始末が完了していれば、それだけで会食の成功率は飛躍的に上がるはずだ。本章では、当日の会食をより完璧にするための最後の詰めに関するノウハウを伝授したい。

この会食メソッド⑪最終準備まで会得すれば、あなたは百戦錬磨の会食プロフェッショナルと認められるだろう。

ここから先は、リードタイムや会食にかける工数を踏まえて、着手するものを取捨選択することをお勧めする。特に優先度が高いのは、リマインドメールの送付、天気予報の確認だ。これらはぜひ行ってほしい。

最後の準備まで、徹底した前始末を

会食メソッド⑪　最終準備

■リマインドメールは「前々日」に送付せよ

すでに会食メソッド⑦正式予約と参加者への案内で、参加者への会食要項の共有は済んでいるはずだ。加えて、**リマインドメールは「前々日」に会食参加者全員に対して必ず送る**こと。休みを挟む場合は、「先方の営業日カウントで2日前」とするのがよい。

ビジネス会食において予期せぬ変更はつきものである。たとえばこういったトラブルが参加者にたびたび生じるものだ。

- どうしても避けられない予定が入って参加不可となった
- 前の予定が変更となり遅れて参加することになった
- スケジュールミスでダブルブッキング
- アレルギー・苦手なものの伝え忘れ

■参加者を追加したい・変更したい

このような事態が生じたときに、参加者がすぐさま連絡をくれるとは限らない。だからこそ、前々日にリマインドメールを送付して主体的にリスクを低減させるのだ。ビジネスパーソンたるもの、過程ではなく結果に責任を持つべきだ。リスク因子は先んじてつぶしておこう。

ところで筆者は、送付日をあえて前日ではなく「前々日」としている。これは、「前々日」であればキャンセルフィーなしで店側と席数調整をできる場合が多いからだ。

なお、リマインドメールでは会食の要項を再度送るとともに、次のような情報を確認・共有するとよい。

■参加変更・遅刻の希望がないか
■アレルギー・苦手なものの伝え忘れがないか
■変更がある場合は本日中に連絡してほしい旨
■雨の可能性がある場合はその旨の伝達

リマインドメールの文面には、必ず「何かあれば本日中に」と添えておこう。そうすれば、不測の変更があった際でも店側に負担をかけずに席数・メニュー調整を行いやすい。

リマインドメールに含める内容

会食日時
12/11(月)19:00〜終了時刻未定

会食参加者
○○社 マーケティング部
塩原部長／大和課長／三島次長
博通広告社 第14営業局
鎌田部長／高垣課長／yuuuプロデューサー

会食場所
レストラン○○
公式サイト:https://www……
電話番号:03-○○○○-○○○○
銀座駅B5出口より徒歩約7分
東京都中央区銀座1-○-○ ○○ビル3F
※コース料理となります。

ドレスコード有無
スマートカジュアル
(恐れ入りますが当日はジャケットのご着用をお願いします)

当日の天気予報 (12/7〈木〉10:00 時点)
雨時々曇り(降水確率約 70%)
※雨の可能性が高くなっておりますのでご注意ください

確認希望事項
以下に該当する場合は、本日12/7(木)中に私yuuuまでメールまたは電話(090-XXX-XXXX)にてご連絡いただけますと幸いです。特に該当しない場合、ご返信は不要です。
①参加が難しくなった
②到着時刻に遅れる可能性がある
③当日参加者の追加・変更を希望したい
④アレルギー・苦手なものの伝え忘れ

※すでにご要望を承っているものについては店側にお伝え済です。

■天気予報の確認・情報共有で一歩リード

前々日のリマインドメールに会食参加に役立つ情報を追加しておくと、気が利くと思われること間違いなしだ。ちなみに、雨が降ると参加者が遅刻する可能性が高くなる。また、移動に時間がかかる、タクシーがつかまらないなど二次会の導線などにも影響するので、必ず確認しておきたい。

前々日にリマインドを送ったとしても、傘を忘れてくる人はいるだろう。私はゲストが傘を忘れたときに備えて、貸出用の折り畳み傘をカバンに入れていた。これまで何度もゲストに傘をお渡ししたことがあるが、そのたびに「本当に気が利く若手だな」と褒めてもらえることばかりだ。もし、ゲストから、「別日に返す」という提案があった場合には、「いえいえ、全然気にしないでください。もし○○さんさえよかったらぜひまたご飯をご一緒させてください！」と言えば新たに信頼関係を構築するチャンスにもなる。

ここまで徹底するかどうかは読者の判断に任せたいが、会食上級者を目指したい人は、覚えておいて損はないだろう。

■ 身だしなみは「どう見られたいか」でチェックする

「常識的にこういった服装」と杓子《しゃくし》定規に決めるのではなく、「ゲストから自分がどう見られたいのか」を意識して選ぶとよい。

私の先輩が広告代理店同士の競合コンペに臨む際に、「ユーモア溢れる企画はスーツを、逆にまじめな企画の際はラフな格好をする」と言っており、なるほどと思ったことがある。たとえば、自社がスタートアップ企業、クライアントが日系大企業の場合は、ラフな格好ではなく、ビシッと決めたスーツで行くほうが、ゲストに「私たちに合わせてくれた」と好印象を与えられるだろう。このように身だしなみは相手へのメッセージにもなる。自分が相手にどう見られるかを想像して服装も選べるといいだろう。

そうはいっても考えるのが面倒という方は、最低限ジャケットを着ておけば間違いない。

■ ゲスト・企業に関するラーニングは入念に

面識のないゲストが多い場合に使えるのが席次表だ。席と名前を事前に照らし合わせて記憶すれば、名前忘れのリスクを下げるツールとして使える。事前に参加者の名前と顔を一致させるために写真を見ておくのはもちろんのこと、席次表を作成しておくとよいだろう。上座・下座などの確認もしておくに越したことはないが、これも戦略によっては変えてもいい。席次表の目的はあくまで「コミュニケーションの活性化」にある。実際の会食場面で席を変更することも問題ない。

「ゲスト参加者の名前を間違える」のは会食のみならず、ビジネスにおいて一撃でノックアウトファクターになりかねないため、絶対にミスのないよう注意したい。

■ プロフィールシートは事前に相手に共有する

気合の入った会食の際には、事前に参加者のプロフィールシートを作るとよい。顔写真、経歴、学歴、趣味などをWordやパワーポイント1枚にまとめるのだ（すでに存在している場合は流用したい）。自社の参加者全員分を準備した後は、上司に対して「コミュニケーションの活発化を目的として作成しました。ゲストの秘書の方に共有してよろしいでしょうか」と伝えて承認を取ろう。

ゲスト側の秘書の方、もしくはコミュニケーションの取りやすい若手の方に渡したら、ゲ

プロフィールシートのイメージ

株式会社博通広告社
第14営業局 課長
高垣〇〇（タカガキ〇〇〇〇）

プロフィール写真

入社年次
20〇〇年　15年目

学歴
慶應義塾高等学校卒
慶應義塾大学経済学部卒（英語サークル）

出身地
兵庫県神戸市灘区六甲町

入社後の経歴
テレビスポット部にてTBS・CX担当チーフを務めた後、テレビ業推として数多くのナショナルクライアントを担当。
2018年より第11営業局にてXX社の戦略立案からブランディング、メディアバイイングに至るまで包括的に手掛ける。
2021年より第14営業局にて〇〇社を担当させていただいております。

趣味
- テレビ鑑賞（好きな番組：クレイジージャーニー）
- ゴルフ（スコアは90前後）
- サッカー
- 花火鑑賞

プライベートショット

プライベートショット

スト側にも似たようなプロフィールシートがあるか確認しておこう。

会食回数が多いエグゼクティブであれば、すでにある可能性が高い。もしあれば頂いて、自社の参加者に共有しよう。「ここまで情報を取りにいく姿勢は素晴らしい」と褒められることであろう。

■ 事前リサーチで会話の守備範囲を最大化する

会食中に話を盛り上げるには、参加者の考えや興味・関心を事前に知っておくと心強い。初対面で会う人はもちろんのこと、懇意にしている相手も含め、とことん想像し切る時間を作ろう。

参加者のパーソナリティを把握するためには、まずはX（旧Twitter）、Facebook、LinkedInといったSNSを活用しよう。

特に初対面の方がいる場合は、ぜひ個人名でWEB検索をかけてほしい。Facebookがわかるだけでも、趣味嗜好を知る効果的な一手となる。顔と名前が一致しないゲストがいる場合は、事前にSNSを見て顔と名前を一致させておくのも有効だ。

私は人の名前を覚えるのが非常に苦手なので、初対面の方がいる会食に望む際は15分ほど時間を取ってSNSで顔を見ながら一人でブツブツと名前を発声するようにしていた。声に出して名前を読み上げるのが「人の名前を忘れない」ために重要なポイントである。

また、エグゼクティブは個人名でWEBインタビューが見つかる場合も多くある。こういった内容についてはできる限り目を通しておきたい。書籍を著している場合も同様だ。その他、ゲストの所属企業に関しても、こういった情報に事前に目を通しておくとよい。

■直近の業績・中期経営計画

クライアントの直近の業績は最低限把握しておきたい。

特に最高益などのポジティブなトピックがある場合は、会食中に話題に出すとよい。相手の顔もパッと明るくなるだろう。

■組織図

クライアントの組織図を見たことがなければ、事前に上司に依頼してもらっておこう。組織図には社内の意思決定プロセスが載っているため、ゲストのビジネス領域における興味・関心事項を知るために欠かせない。

■企業のスポーツにおけるスポンサー活動

所属社員がそのスポーツや選手を応援している可能性が高いので、話題のネタとして活用しやすい。特に自分が部活などでそのスポーツをしていた場合は、共通の話題となり得るだろう。

■OpenWork

社員のクチコミ情報を提供するサイトである。クライアントとコミュニケーションを取るだけではなかなか見えない「社員のホンネ」が赤裸々に書かれているので、目を通しておくと企業の内情がよくわかる。

会食成功に向けてゲストの情報収集を始めると、あっという間に時間が溶けていく恐れがある。そのため、情報の海に潜る時間を決めて、その中で集められるだけの情報を集め、期限が来たらその時点で得られた知見をドキュメントにまとめて終わらせよう。

前提となるビジネスパフォーマンスがあってこそ、会食メソッドは絶大な効果を発揮する。会食はビジネスの打開策となるが、自分の宿題や、やるべきミッションをなおざりにしてはならない。

■調べた内容は絶対にひけらかさない

ラーニングした情報の扱いについて、今から大切なことを言う。

調べ尽くした個人のプライベート情報については、会食当日はいったんすべて忘れよう。

どういうことかピンとこない読者の方も多いと思う。実は、事前に相手のことを調べれば調べるほど、コミュニケーションが歪《いびつ》になってしまうのだ。

ゲストに関するラーニングを重ねると、ついつい「相手について知っている情報をひけらかすこと」を目的とした会話になってしまいがちだ。また、プライベートの細部まで事前に知られていると相手に思われてしまうと、気味が悪いと遠ざけられるリスクもある。

だからこそ、あえていったん忘れる（くらいの気持ちで臨む）ことをお勧めしたい。仮に自分が知っていることであっても、初めて聞いたかのように振る舞うのだ。

真のコミュニケーション上級者は、相手が話したいことを気持ちよく話させる。既知の情報であったとしても、初めて聞くようにリアクションするのだ。知っていることでも知らないと言えるしたたかさを持とう。

さて、長い旅になったが、ここまでの①〜⑪が、会食メソッドの事前準備編である。

全体を通して気をつけておきたいことがある。それは**「小さな違和感を見逃さない」**ことだ。会食メソッドにしたがって会食アレンジをする中で、少しでも違和感を覚えたら、一度立ち止まってその理由を考え、考えられる対策を打とう。

細部でも気を抜かない。その飽くなきこだわりこそが、「徹底した前始末」である。

そして何より忘れてはならないのが、**会食は、あくまで「ビジネス目的の達成のため」に行われるもの**ということだ。ここまで準備をすると、つい、「会食」の成功だけに目がいってしまうおそれがある。

会食の成功とは、ビジネス上の目的の達成であって、「会食」それ自体ではない。手段が目的化しないように常に心掛ける習慣を持とう。

第5章まとめ

■ リマインドメールは前日ではなく前々日に。
■ 事前リサーチが会話の守備範囲を広げる。入念に行うこと。
■ 調べた内容はひけらかさず、あくまで会話の補助として使おう。
■ 会食の準備に集中するあまり、肝心のビジネスの目的を見失わないように。

第3部

会食メソッド　会食当日編

ここからはいよいよ、会食中の立ち振る舞い・会食終了後の作法の解説に入る。

会食メソッドに沿った事前準備が行えていれば、すでに上司だけでなくゲストの期待に応えられる会食セッティングができているはずだ。

ここからは、会食中にどういった立ち振る舞いをするべきか、および絶対に避けるべき行動について紹介する。

大事なキーワードは「ゲストファースト」だ。会食で自分が楽しむことも大切だが、何よりもゲストに楽しんでもらうことが先決である。あくまで自分は「会食をマネジメントする立場」であることを忘れずにいよう。

また、会食は友人とのフランクな飲み会と異なり、会話の内容に困ることもあるだろう。ビジネス会食の効果を最大化するコミュニケーションの作法も紹介している。

会食で伝えるべきはあなたの「人間的な魅力」である。

会食というフィールドにおいては、「序盤・中盤・終盤」というステージによって、効果的なコミュニケーションが存在する。それぞれ何を話すべきなのか。また、全体を通じて大切にすべき軸は何なのか。「今、どのステージか」を敏感に察知し、柔軟に対処することが必要だ。

本書で得た知見を生かして、あなたの魅力が存分にゲストに伝わることを願っている。

第3部で紹介する会食メソッド

会食メソッド⑫ 当日のマネジメント

会食メソッド⑬ 会食中のコミュニケーション

会食メソッド⑭ クロージング

会食メソッド⑮ 翌日対策

第6章

会食中のマネジメント
絶対に失敗しないための立ち振る舞い

本章では、**会食メソッド⑫** **当日のマネジメント**について紹介する。

本番にはトラブルがつきものだ。メニュー注文、マナーや気遣い・配慮、さらには予算のマネジメントや参加者の遅刻などなど、数え始めるとキリがない。

しかもそのような中で、あまりに大変そうな素振りを見せてしまうのも考えものだ。スマートにかつ楽しそうに振る舞いつつ、したたかにマネジメントをする必要がある。

会食中のキーワードは、やはり何よりも「ゲストファースト」だ。ゲストに気持ちよく楽しんでもらうために、すべての行動をデザインしよう。

本書で言及していないシーンに遭遇したときは、この本の原理原則である「想像力と確固たる意志」で、臨機応変な対応を心掛けていただきたい。

会食メソッド⑫-1 当日のマネジメント

何よりもゲストファーストを徹底する

高級な西洋料理レストランにおいてはレディーファーストがマナーである。が、一方で、ゲストよりホスト側のレディーファーストが優先されるのかは悩ましいところだ。会食ではその目的を踏まえ、「ゲストファースト」の心掛けは持っておきたい。ホスト側に女性がいる場合には、事前に理解を合わせておこう。

■当日はどんなに遅くとも15分前に到着せよ

ゲストより遅れて到着した場合、ビハインドの状態で会食を開始する羽目になってしまう。必ず開始時刻の前に着いておきたいところだが、店につくまでにはさまざまなトラブルがつきものだ。仕事で緊急対応が入った、タクシーが道に迷う、人身事故で電車が動かないなど、枚挙にいとまがない。トラブルがあった場合でも開始時刻に間に合うように、できる限り早めの行動を心掛けよう。

手土産・プレゼントがある場合は到着後、会食が始まる前にお店のサービススタッフ（以降、サービススタッフ）に預けておき、ゲストに渡すタイミングを相談しておくこと。適したタイミングの一例は、「ゲストが脱いでいたジャケットを着て、帰り支度ができたとき」だ。こういった相談の時間に15分はほしい。

また、リードタイムがなく**下見ができていない場合は、さらに5分早めに着いておく**ことをお勧めする。最低限、全体予算を伝え、ワインの価格帯の相談はしておきたいところだ。直前だとサービススタッフが対応できないこともあるので、あまり店側に無理を強いないように心掛けたい。

■ 遅刻した場合の必殺リカバリープラン

会食においては15分以上前の到着が大前提で、遅刻するなど言語道断であるが、そうはいっても突然の雨や、前の予定の状況によっては遅れてしまうこともあるだろう。

その際にお勧めなのが、店に遅刻する旨を伝え、**ゲストに食前酒やビール、シャンパンをふるまっていただくように依頼しておく**ことだ。

ゲストが会食慣れしていれば、たとえホストがどれだけ遅刻をしたとしても勝手に始めることはない。その場合でも、サービススタッフから「ホストからお電話があり、今からお注ぎするシャンパンを先に飲んでお待ちくださいとのことです」と言われれば、機嫌を損ねることなく待ってもらえるだろう。

こういった細やかな気遣いがあれば、たとえ遅刻した場合でもリカバリーをしやすくなる。

他方、ゲストが遅刻してしまうようなケースではどう立ち振る舞えば良いか。目安として「客単価5000〜7000円ほどの店での会食」でゲストが15分以上遅刻する場合には、気を使わせないためにも、1杯のビールなど食前酒を軽く飲んでおくとよいだろう。

ゲストが遅れて到着した際に「すみません！　先に1杯頼んでしまいました！」と言えばゲストも罪悪感が薄れるはずだ。

■ワインの注文はソムリエの力をうまく借りよう

高級店におけるワインの注文は、ゲスト主導よりも、ホストがソムリエとコミュニケーションを取りながら選んでいくのが好ましい。

ゲスト側のワインリストには金額が書かれていない場合もある。そのような中で「好きなものを選んで注文してください」と言われても、ゲスト側はどれを選んでいいのか困ってしまう。おもてなしとして、ホストが主導してワインをオーダーすることを忘れないようにしたい。

具体的な手順は次の通りだ。

①最初にどのような飲み物を飲みたいかホストがゲストに対して聞く
②ワインが希望であれば赤か白か、好む味やブドウの品種を聞く
③ホストがソムリエに伝える

ゲストから「食事に合うもので」と要望があった場合には、ホストがソムリエに対し「この後の食事を考えると、どういったワインがよろしいでしょうか」と相談したうえでソムリエのお薦めを注文しよう。また、ワインに限らず日本酒などもそうであるが、序盤は軽め（ライトボディ）、終盤に差し掛かる頃に重めのもの（フルボディ）を選んでおけばまず問題はない。しかしこれはあくまで一般論なので、無理に自分の知識に頼らずソムリエの力を借りるのが一番だ。

改めて、ワインの注文をホスト側が行うのは予算管理においても重要な役割を果たすことを覚えておきたい。事前に店側と相談してワインの予算感を伝えておき、その範囲でソムリエからワインを推奨してもらうのがコツだ。

■アラカルトは「最初に全部頼み切る」のが吉

忘れがちであるが、オーダーする際はゲストの注文内容を先に伝えることを意識しておこう。そういった細やかな所作の一つひとつこそがゲストファーストの徹底につながる。

アラカルトを選択した際に意識すべきことは、**注文前に参加者全員にアレルギーや苦手なものがないかを改めて聞く**ことだ。幹事である自分が把握していたとしても、参加者全員が知っているとは限らないからだ。最初に参加者全員の認識合わせを忘れないようにしたい。

次に、食事の注文に関しては、できるだけ、「最初の注文ですべてを頼み切る」ことをお勧めしたい。追加注文は調理時間がかかってしまうため、チーズやデザートといったすぐに提供できるもの以外は最初に頼み切りたい。

肝心のメニュー選びは、多くの人が悩んでいると思うが、人数が2人など少ない場合には「役割分担」方式がお勧めだ。「ゲストファーストの徹底」の原則に沿うとすべてゲストに決めてもらうべきだと思うかもしれないが、それはそれでゲストは気を使う。そこで、「せっかくの会食ですので、メインは◯◯さんに決めていただきたいです！　代わりに前菜は、1つずつ選んで頼みましょう」のようにスマートに誘導しよう。これにより「共同作業感」を演出しつつ、2人で選んだメニューという会食ストーリーが自然にデザインされることとなる。

またアラカルトにおいてもコースと同様、同じものを食べたほうが会話も弾み記憶に残りやすい。できるだけ、同一のメニューを楽しめるように配慮しておくとスマートだ。フレンチの場合は一皿をシェアすることは好ましくないため、あらかじめ取り分けてもらうように依頼しよう。

最後に、**ゲストがアラカルトならホストも同じくアラカルトに、ゲストがコースならホストも同じコースにするように徹底し、バラバラになることは避けよう。**アラカルトとコースでは調理にかかる時間が異なるため、大抵の場合アラカルトを選んだ人が待つことになる。もしアラカルトで気になるメニューがあった場合は、ゲストがコース料理ならコースにそろえた上でそのメニューを追加で注文できるか相談するとよい。

■「とにかく美味しそうに、たくさん食べる」

「いやいや時代錯誤すぎるだろう」と思われたかもしれない。しかしながら、「美味しそうに食べる」「たくさん食べる」は、若手の生存戦略として極めて有用だ。私は自らの経験をもって、そう確信している。

会食に参加するホスト・ゲストともに、役職持ちの方はそれなりに年齢を重ねている。その方々が自らの衰えを実感するのが、「昔ほど、食べたいものが食べられなくなった」と気づいたときなのだ。だからこそ、

「こんな美味しいものなかなか食べられないので、本当に本当に嬉しいです！」

「あまりにも美味しいのでいっぱい食べてしまいますね……」

とかわいげたっぷりに言うだけで、場が盛り上がり、パッと明るくなる。**古今東西、食いっぷりのいい人間は好まれる**のだ。もちろん食べられる量は人によっても異なる。その場合は笑顔で美味しそうに食べ、感想を伝えるだけで十分だ。

また、サービススタッフやソムリエ、シェフに対して「本当に美味しい」と伝えると必ず喜ばれる。感謝の言葉を伝えるだけで場の雰囲気が良くなるのだから、言うに越したことはない。

なお、「ホストはゲストをもてなす立場なのだから、店を選んだホスト側が味の感想を言うべきでない」という考え方もあるだろう。もちろん役職の高いホストが自社の選んだ会食店を褒めちぎるのは控えたほうがいいが、若手の立場として無邪気に美味しいと伝えるのは

まったく問題ないというのが私の見解だ。

■食の細い人への配慮を欠かさない

コース料理は、食の細い方は料理を食べきれず、残してしまう場合も多々ある。食べ残し自体は致し方ないのだが、フードロス削減が意識される昨今においてはできる限り避けるのが好ましい。

メイン料理に差し掛かるあたりで、参加者全員に「皆様のお腹の具合はいかがでしょうか。特に問題なくお召し上がりいただけそうですか？」と確認しておこう。

もしお腹がいっぱいになってきた方がいた場合は、サービススタッフに依頼して量を減らしてもらうのがいいだろう。食べるのが厳しいと言われたら「自分が引き受けて食べましょうか？」と提案するのもいいだろう。

私は広告代理店で鍛えた胃袋を最大限に生かし、ブラックホールのようにゲストの食べきれない分を美味しくいただくようにしていた。「どのような状況においても、美味しそうに笑顔でご飯を食べるスキル」は私の身を大いに助けてくれている。

■トラブル対応は、原則「お店の指示に従う」

その他のトラブルについては臨機応変に対応したいが、基本的には「お店の指示に従う」のが原則だ。柔軟に対処したい。

よくあるのが、「アレルギーや苦手なものが誤って配膳されてしまう」というトラブルだ。苦手なものについては食べられる者が代わりに食べればいいが、問題はアレルギーである。事前に確認したつもりが、見落としてしまうこともゼロではないだろう。原材料には含まれていなくても、調理工程で混入するリスクもある。

少しでもリスクがある場合は、ゲストに謝罪の上、店側に混入の恐れがないメニューを提供するよう依頼しよう。こういった事態を避けるためにもアレルギーは必ず事前に確認しておくべきだ。

基本的にトラブルに関しては、「至らなかった場合には言い訳せず、まず自分の非を素直に認め、謝罪をする」ことを念頭に置いて臨んでほしい。仮に店側のミスであったとしてもだ。

会食でのトラブルがビジネスの大問題に発展するのは、この誠実さが欠けていたときだ。経験上これさえできれば、大抵のトラブルはその場で収まることが多かった。しかし、翌日以降に引きずるトラブルになってしまった場合には、276ページの謝罪対応のパートを参照してほしい。

楽しみつつ、マネジメントに徹する

会食メソッド⑫－2 当日のマネジメント

■ 予算マネジメントは戦略的に

予算マネジメントができるようになれば上司から会食の際に重宝されるだろう。

店のグレードを上げると、大抵の場合は食事はコース、飲み物は別料金となる。その際に予算のノックアウトファクターとなるのは、ここまでにお伝えした通り、アルコール（中でもワイン）だ。ゲストが想定以上にアルコールを飲む、または予期せぬ高額ワインのオーダーが入って冷や汗をかかないために、次の3点に取り組もう。

1 サービススタッフに事前に予算を相談する

下見のタイミングもしくは当日店に早く入ったときに、サービススタッフやソムリエに大枠の予算感を伝えよう。そうすれば「この予算感ならばこの価格帯のワインですね」とレコメンドをくれるはずだ。伝えることで店側も予算調整に協力してくれる。

2 ワインの注文だけは必ずホストが行う（ゲスト任せにしない）

ゲストファーストの徹底の項目でも伝えた通りだ。おもてなしの観点からもワインの注文はゲストに委ねるのではなくホストが主導して動こう。予算の相談を経てすでにサービススタッフ・ソムリエは予算感を意識しているので、予算超過に繋がる高いワインをレコメンドすることはないだろう。

3 ホスト側のアルコール提供スピードを調整する

「参加者の飲酒スピードが速いな」と思ったら**お手洗いに立つふりをしてサービススタッフに現在の料金状況を確認**しよう。もし超過の見込みがあるならば、「ホスト側のアルコール提供スピードを遅くしてもらえませんか」と相談するのも手だ。

原理原則であるゲストファーストの徹底に立ち戻ると、いくら予算超過の可能性があるとはいえ会食の体験価値を落とすようなことはするべきではない。そう考えると、調整すべきはホストの側である。

リスクヘッジの観点から上司に対しても「予算超過の可能性が出てきています」と伝えたいところだが、人が入り乱れる居酒屋ならまだしも格式高いレストランでは上司に伝えるチャンスがなかなかないのが実際のところだ。

テクニカルな話だが、予算超過の可能性が出てきたときの合図を事前に決めておくのも手だ。私の場合、「食べ終わった後のカトラリーの置き方をフランス式（ナイフとフォークを時計の4時の位置に置く）からイギリス式（ナイフとフォークを時計の6時の位置に置く）に変えたときが合図」と上司に共有して、予算超過の可能性を伝えていた。

予算超過自体は往々にして生じるので、二次会の予算を減らすなど工夫をしてトータルで帳尻を合わせたい。

■ 前もって「飲みすぎてしまったとき」のリスクヘッジをしておこう

会食の失敗の多くはアルコールによって生み出される。最悪の場合は暴言や暴力などの大トラブルを招く可能性もゼロではない。コンプライアンスが厳しい昨今のビジネスシーンにおいては、暴力沙汰は一発退場である。どれだけ仕事で優秀であろうが、酒席の失敗を取り戻すことはできない。

先にお伝えしておきたいのは、**「会食の場でお酒の量を意識して減らすのは難しい」**ということだ。

私がお世話になった先輩の中にも、ビジネスにおいて極めて高い成果を上げているにもかかわらず、酒席で失敗を繰り返す方がいた。気になってその先輩にヒアリングをしたところ、「毎回、酒量を減らすようには心掛けているんだけど、相手のペースに合わせてつい飲んでしまうんだ……」とバツが悪そうに言っていた。

このように、実際の会食の場においては、無意識のうちに周囲のペースに合わせて飲んでしまう。ホスト・ゲスト関係なく、会食が盛り上がってくるとお酒を注ぐペースが速くなってくる。そのテンポに押されて、つい飲んでしまうのだ。また、会食が盛り上がってくると注文杯数がわからなくなり、人数以上のグラスやジョッキが置かれるようになる。結果としてホスト側の人間が飲まざるを得なくなるのだ。

せっかくの会食というビジネスチャンスを得られたにもかかわらず、酒量を間違えて記憶が飛んだり、用意したプレゼントを渡すタイミングを逸したり、介抱される側に回ってしまったりすると「自己管理ができない」と周囲の評価を下げることに繋がってしまう。

会食の現場では少なからず気を張っている。緊張している。そして忙しい。「お酒の杯数なんて自分で調整できる」と過信しすぎずに、後述する方法でお店の力を借りることをお勧めしたい。

■飲めない人は事前に店と「密約」を交わそう

下戸・アルコールに弱い方が会食に向いてないかというと、決してそんなことはない。むしろ酒席においても冷静に場を俯瞰《ふかん》し、適切な行動がとれる「飲み会の平和維持者」として重宝されるのだ。

しかし、言うまでもないがアルコールに弱い人は要注意だ。自分のペースを見失って飲んでしまった結果、周囲に迷惑をかけてしまうケースを非常によく見かける。

特に飲み会にブランクのある方は、**自分の酒量の限界が変わっていることもあり得る。**コロナ禍を経て飲み会の習慣がなくなった方も、十分注意してほしい。

私、ｙｕｕｕもアルコールに極めて弱い。広告代理店メディア担当という体育会系の極致の世界に身を投じながら、ビールを2杯も飲めばもうそれで限界に近いのである。もし「ソフトドリンクOK」の雰囲気の会食であれば、必ずそれを宣言しよう。

ただ、世の中そうもいかないときがある。その際、私の生存戦略は次の2つである。

- ■自分のアルコール濃度を薄めてもらうよう予め店に依頼する
- ■事前に自分がジンジャーハイを注文したら「ジンジャーエール」を出してもらうよう依頼しておく

そう、事前に店と交渉して「密約」を交わしておくのだ。会食当日に早く到着し、店側に相談しておくことをお勧めしたい。そうすれば、酔うことはなくなる。ウーロンハイ↓ウーロン茶もOKだ。

ただし、この手法はワインが中心のフレンチでは不可能である。その場合はキッパリと「アルコールが飲めない」と伝えるか、「アルコールに非常に弱いので、2杯までにしておく」と最初に宣言しておくとよい。

コラム

アクシデントをとっさの機転で乗り越える

アルコールの摂取は中枢神経を刺激し、また体温を上げるために鼻血やしゃっくりが出やすくなると言われている。

私がとある上場企業の部長と会食を共にしたとき、途中で鼻血が止まらなくなってしまい、トイレで止まるのを待つことになった。

会食の最中に出血するという大きなアクシデントであるが、戻って開口一番、「いやー、こんな美味しいものを人生で食べる機会は本当にないので、僕の血が騒いでいるんでしょうね！」と茶目《ちゃめ》っ気たっぷりに伝えたところ、場の空気を悪くすることなくリカバリーできた。余談だが、この会食をきっかけに「今度この店に連れていったら、またあのときみたいに、鼻血出してくれるか？」というシュールな誘いを受け、何度か別の高級店にも連れていっていただけた。

しゃっくりが出て止まらなくなってしまったときは、「こんな楽しい時間を過ごすことはほとんどないんで、僕の横隔膜が大喜びしてしまいまして……」と言ったらなんとか切り抜けられた。

他にも私の先輩に、酒をこぼした際は「うわあ!! 酒の一滴は血の一滴なのに!!」と言いながらこぼしたグラスの3倍の量を飲むことにしていた人もいる。

これらはあくまで一例であるが、ともすると相手に気を使わせてしまうシーンでうまく場を和ませるコミュニケーションが取れれば、ゲストからも感心されることだろう。

第6章まとめ

■ 当然ながら会食に遅刻は厳禁。15分前到着を心掛けよう。

■ どうしても遅れてしまう場合は、食前酒を振る舞ってもらうよう店に依頼しよう。

■ 注文時にもゲストファーストを徹底する。

■ アレルギー・食の細い人への配慮も忘れずに。

■ 酒量は自分では調整できないもの。事前に店と密約を交わすのがお勧め。

第7章

会食中のコミュニケーション

会食の効果を最大化する会話の極意

ここからは、**会食メソッド⑬会食中のコミュニケーション**について触れていきたい。ゲストと年齢が離れている、または関係がまだ構築できていない人とのコミュニケーションに苦手意識を持つ方も多いだろう。会食中の不用意な言動で場を凍り付かせてしまった経験は、誰しも一度はあるのではないだろうか。

会食の参加者同士は友達ではない。したがって、相手に楽しくなってもらうゲストファーストを意識しつつ、「自分に興味を示してもらうために、何を伝えるべきか?」を考えながらのコミュニケーションを心掛けたい。

また、情報収集で意識すべきなのは、相手から「打てば響く」と思われる存在になることだ。「アドバイスを愚直に実践する人材にこそ最も成長機会が与えられる」のは、動かしがたい事実だ。もちろんビジネス以外でも、好きなものや関心事項を積極的に学ぼうとする姿勢を持つ後輩は、いつの時代もかわいいものだろう。

会食はビジネスの総合格闘技でもある。楽しむ気持ちも必要だが、気を引き締めて会食に臨もう。

会食メソッド⑬-1 会食中のコミュニケーション

減点されないコミュニケーションを心掛けよ

会食に慣れていない方はもちろんのこと、慣れている方でも粗相をしてしまうのが会食というフィールドである。主な原因はアルコールだ。アルコールによって気が大きくなった結果、不用意な発言をしてしまうケースが散見される。

会食中に避けるべき話題は次のものだ。

- 政治・宗教・プロ野球（同じ球団のファンであることを事前につかんでいる場合を除く）
- 悪口全般（自社・自社の競合企業を含む）
- 意思決定を必要とするビジネスの話
- 目的達成のための陳情・要望・ヒアリング

■政治・宗教・プロ野球は「相手の出方をうかがう」

政治・宗教・プロ野球については古くからタブーとされている。わざわざ自分からするべき話でもないため、原則、控えよう。

ただし、この中でかなりの頻度で話題になるものがある。政治だ。ビジネス会食では踏み込んだビジネスの話をしないのが前提だ。そのためどうしても、経済政策に紐づく政治の話がたびたび出る。昨今のビジネス環境の変化に関する意見交換は頻繁に発生すると心得よう。

これを乗り越える一番よい対処法は、むやみやたらに持論を展開せずに、「**相手の出方をうかがう**」ことだ。相手の方針がわからない中で「どう思う？」と聞かれた場合は、「難しい話題ですよね。弊社の中でもなかなか意見が割れておりまして。〇〇さんはどのようにお考えですか？」と聞き返すのもいいだろう。

その他「主語の大きい話を細部の内容に持っていく」というのも有効である。たとえば「今の政権はダメだ」という話をゲストにされたとする。この際に「そうですよね」と相づちを打ちたくなるものだが、この場合はたとえば「確かに昨今の社会保険料の増大は自社のビジネスにも影響を与えてきそうですね」というように、細部の一般論に論点に持っていくとハレーションは起きにくい。

■悪口は「同意せずに」「黙ってやり過ごす」

会食では往々にしてネガティブな話題で盛り上がる。「○○役員は社内政治ばかりしている」「取引先の○○社が全然期待に応えてくれない」などだ。

こういった悪口に関する同意は、どこで広がって悪影響を及ぼすかわからない。参加者は一枚岩ではないからだ。少しでも同調しようものなら、「そういえば○○さんが、会食で悪口言っていましたよ」と告げ口をされ、関係に取り返しのつかないひびが入る可能性もある。

こういった話題に関しては「**原則黙る。何を聞かれても肯定も否定もせず、のらりくらりとかわす**」**が最適解**だ。困ったときは「○○さんはそう考えていらっしゃるのですね」と答え、意見の表明は差し控えよう。コツは、まず、「否定に対する同意をしない」ことだ。

このようなシチュエーションに遭遇した際に、タイミングを見計らってポジティブな話や楽しい話題に切り替えるよう誘導できればあなたも会食上級者だ。ただ、慣れないうちは「**お手洗いに……**」**と席を外すのも一手**だ。

■ ポジティブな話・困った話は離席してでもメモせよ

酒席の勢いで話した内容は、往々にして忘れ去られる。自社にとってポジティブに働く話であれば、後日議題に上げて行動に移そう。

本来、酒席において意思決定を必要とする話はすべきではない。十中八九、「言った、言わない」で揉める。もし会食中に困った話があれば「**一度社内に持ち帰る**」**と伝えた上で、隙を見て必ず携帯にメモをしておこう。**間違っても自分の判断で即決してはならない。

特に厄介なのは、ゲスト側から意思決定を迫る話をされたときだ。この場合も「何を聞かれてものらりくらり」の精神でかわすべきだ。どうしても難しければ「○○さんとの大事な話のため、一度社内に持ち帰ってから話をさせてください！」と伝えるのだ。

他方、ポジティブな話がまとまった時は即座にイエスと答え、後日、話を具体化させよう。

いい会食ができた際には、ゲスト主導でその場で意思決定が進むことも多々あるだろう。自分たちからビジネスの話を切り出すべきではないのだが、もし、ゲストが乗り気になり、サポートしようという姿勢を見せたときにはありがたく話に乗ろう。その際に一言、「今、皆様と大変楽しい時間を過ごさせていただいている中で私からお願いごとをするのは不躾《ぶしつけ》かなとも思ったのですが、大丈夫でしょうか？」と伝えると丁寧だ。

「ぜひこのプロジェクトに一緒に取り組みましょう！」と熱のこもった話で盛り上がったときでも、「言った、言わない」でトラブルにならないように、適宜お手洗いで席を外すなどしてメモを取るに越したことはない。会食時の重要な話をメモしているだけで後日、社内で重宝される人材となり得る。

ただし、いい話かどうかの見極めるのはあなたではなく上司だ。いい話が出てきたと感じた時は、一度上司に話を振ってみることを忘れずに。

会食でこそ「素直な人柄」を伝えよう

会食メソッド⑬-2 会食中のコミュニケーション

特に若手社員の方にお伝えしておきたいことがある。

ビジネス会食でクライアントや自社が若手に求めるのは、ビジネス全般における評論では決してない。可愛《かわい》げだ。

コンサルティングファームでは「チャーム」という用語があるという。この「チャーム」とは容姿についてではなく、素直さ、そして人としての魅力を指す。会食に限らず若手の生存戦略として「チャーム」は極めて重要な素質である。少し話は逸れるが、会食全般に関わる要素なので、丁寧に説明していきたい。

■「素直さ」は想像以上の特権

インターネット広告の雄、サイバーエージェントで最も重視される採用基準が「素直でいいやつ」であるのはよく知られている。

ここでいう「素直」とは一体どういうことか。松下幸之助氏によると、素直とは「何ものにもとらわれず、物事の真実、何が正しいかを見きわめて、これに従う心の姿勢」であるという。私自身も後輩を指導する立場になって、「素直さ」は極めて重要な素質であると確信している。

とは言っても若手のうちは、こんなことを考える人もいるだろう（これらは実際に私が新入社員時代に考えていたことだ）。

「こんな仕事をしたくて会社に入ったわけじゃない」

「自分にはもっと可能性がある。別の仕事を任されれば才能を発揮できるはずだ」

「雑務を自分がする必要がわからない。スタッフさんに任せればいいのに」

今振り返ると、このような後ろ向きな考えはすべて、自分の置かれている現実に向き合う勇気がなく、逃げていたから生じていたものだ。

特に自己評価と他者評価に乖離《かいり》がある場合は、いったん、他者評価が正であると考え、自分の振る舞いやマインドセットを見直すことを強く推奨する。

「言われたことを一度前向きに『なんでもやってみるか』と考えるようになってから、人生が開けた」。私の過去の上司の言葉である。若手のうちは、自分で向き不向きを設定せず、あるがままの評価を受け止め、なんでも取り組んでみるといい。


このように、「現実から逃げず、自分のいい点も悪い点もすべて見つめて、改善に移す」姿勢になれば、会食においても「伸びしろのある若手だ」とクライアント、そして自社ともに評価されるはずだ。

ここで、「会食における素直さ」として具体的に意識すべきポイントをいくつか挙げたい。

■ まず肯定から入る

他者の話に納得がいかなくても、「いや、」と否定から入らない。

■ **アドバイスをメモする**

頂いたアドバイスについてはいったん受け止めて感謝を伝える。お手洗いで席を外した際や、帰りにメモを取っておき後日の御礼で内容について言及するとよい。

■ **お薦めをすぐにチェックする**

会食中に紹介してもらった映画・飲食店などは積極的に行き、行った後に写真付きで報告する。本を紹介された際は、その場でAmazonで購入ボタンを押して画面を見せ、後日読んだ感想を伝える。

■ **どんなことでも、まずは取り組む**

今の自分には意味を見出せないことでも愚直に取り組む。会食で話題に出た誰もしたくないような泥くさい調整や雑務こそ、積極的に手を挙げる。

■ **お礼を丁寧に伝える**

会食の解散前、自宅についた時、そして翌日の三度の御礼をホスト・ゲスト参加者に対して欠かさない。

実は、アドバイスや推奨されたことを真摯に受け止めて行動に移せる人材はそんなにいない。だからこそ、この5点を意識するだけで圧倒的なアドバンテージとなるのだ。

「打てば響く」という絶大な信頼

会食メソッド⑬ー3 会食中のコミュニケーション

なぜ、ここまでしなければならないのか。

それは、**「打てば響く」と周囲から思われる存在になる**ためだ。

これも過去の行き過ぎた話であるのだが、私と仲の良いテレビ局の先輩が、「yuuuよ、今から日本列島ダーツの旅をやろうぜ!!」と言って、会社に飾られていた日本地図に向かって、不意にダーツの矢を投げ始めたことがあった。

当たった場所は、広島県のはずれにある「大久野島」。かつて大日本帝国陸軍が毒ガスの製造をしていた関係で、「地図から消された島」とも呼ばれていた。

言うまでもないが、遠い。

さすがにその先輩も本気で言ったわけではなさそうだったのだが、ここで「実際に行った写真を送ったら絶対喜ぶだろうな」と思い、その週の土日に訪問して写真を送ってみた。

結果、先輩は大爆笑。しばらくはそのネタで先輩がいじってくれ、飲み会では困らなかった。

これは非常に極端な例なので、決してお勧めをするものではない。しかし、このように一見無意味極まりないことでも、全力を尽くして取り組んでいたら自分にネタがストックされていく。仕事のチャンスがないときにも、会食で、こうした自分の人柄と信頼度を伝えることは十分にできる。そうして得た**「打てば響く」という信頼は、貴重な財産となって、一生、あなたの支えとなる**だろう。

■ 一線を守って、素直を貫こう

「素直さ」の重要性を説いてきたが、もちろんなんでもかんでもやればいいというわけではない。取り組むべき内容にも限度がある。

ここで、素直さと同時に持つ必要がある不可欠な資質を紹介しよう。それは、**「integrity（インテグリティ）」**。「高潔、誠実」などの意味を持つ言葉である。つまり、倫理的規範を最たる価値観として持つべきだということだ。

それでは一体どこまでやるべきなのか。判断基準としては、「他者や社会に対して誠実な態度であるかどうか」つまり「道徳・規範を逸脱していないかどうか」だ。

不正には絶対に手を染めてはならない。上司を含む、周囲からどれだけ強いられたとしても絶対にである。たとえ会社内部では当然のルールだったとしても、社会でそのルールがまかり通るとは限らないし、会社は守ってくれない。

素直であることは極めて重要な資質だが、同時にビジネスパーソンとしてintegrityに逸脱する行為は絶対にしてはならない。具体的には、倫理的に好ましくない話題や、ジェンダーを軽視するような発言は避けよう。

かのピーター・ドラッカー氏も「integrityこそが組織のリーダーやマネジメントを担う人材にとって決定的に重要な資質である」と説いている。リーダー・マネジメント層に限らず、integrityはすべてのビジネスパーソンが持つべき資質である。

このようなintegrityに反することについては、同調しないルールを自らに課しておこう。

序盤：徹底して「話を聞く側」に回れ

では会食の序盤から中盤にかけてはどのようなスタンスで臨むべきか。

結論から言うと、**参加者から話を引き出し、徹底して聞く姿勢を持とう**。会食序盤は「ゲストが話したいこと、興味を持っていること」について聞く場だと心得てほしい。自分の熱の込もった話は終盤にとっておき、序盤から中盤は他の参加者の話に耳を傾ければよい。

それでは聞く姿勢とは具体的にどういったものか。相手に楽しく話してもらうコツをリストアップしてみよう。

- 口角を上げて笑顔を作る
- キチンと目を見る
- 内容に興味を持つ
- 物理的に前のめりになる
- 適切な相づちを打つ

■リアクションは大きく
■プラスの感情表現を多くする
＋
■仕事のメールが気になっても携帯をいじらない。携帯を見る際は席を外す

特に気を付けるべきは相づちだ。自分ではまったく意識していないのに「ハイハイハイ」と立て続けに相づちを打ってしまう人は年齢に限らずかなりいる。もちろんその相づちに悪意がないことはわかるが、不快に感じる人もいるため、意識して直したい。その他にも、人を不愉快にさせてしまう癖はある。食事の際に口を閉じず、音を立てて食べるのもそのうちの一つだ。

しかしながら、相づちも、音を立てて食べるのも、自分ではなかなか気づけないものである。**自分の癖に気づくために、日頃から他者のフィードバックをもらっておこう。**予め上司に「私の相づちで違和感があるところないですか？」「食事の際に私の所作で不愉快になるポイントはないですか？」と聞いておき、もし指摘を受けたら日々意識して矯正しよう。私も恥ずかしながら、社会人1年目には上司からの指摘を受けて直したものだ。あの時の上司には感謝してもしきれない。

また、コミュニケーションにおいては**「相手の名前を呼ぶ」のも極めて有効**な一手だ。心理学で「ネームコーリング効果」といわれるものだが、人は自分の名前を好意的に受け取っていて、名前を呼ばれると相手への好感度が高くなるのだ。細かいテクニックだが相手との信頼関係構築においては使える技術なので覚えておきたい。

■相手の裏に眠っている「感情」を見よう

聞く力には、話の内容を理解するだけではなく、「相手の感情を理解する」ことも含まれる。そのためには自分の解釈を挟まずにそのまま話を受け止め、相手と同じ風景を見ようとすることが肝要だ。話の内容だけでなく、言葉以外の表情や心の動きをつぶさに観察するようにすれば、聞く力は飛躍的に向上するはずだ。

自分の解釈を挟んでしまうと、つい話の途中で口を挟みたくなってしまうものである。それをグッと我慢して、言葉をありのまま受け止めるとともに、言葉以外の非言語メッセージにも着目をしよう。具体的には相手の表情・声のトーン・姿勢などである。

往々にして、他者から信頼されない人物は「人の話を真摯に聞けない」ものだ。その人に悪気はなかったとしても、次などは、嫌われるコミュニケーションである。

■相手の話を途中で遮って自分の話をする
■話が途中なのに求められていない解決策を伝える
■自分の意見を言いたくて仕方がなくなり、話が上の空になる

私はつい自分の話ばかりしてしまうタイプだ。今でも人の話を聞くのが苦手である。話を聞いている時に、意識が自分に向かっていないかを常に意識したい。具体的には「自分が言いたいことを言うのが目的になっていないか」を観察しよう。今まで「人の話を聞かない」と指摘を受けたことのある方は、ぜひ「話の内容だけでなく、表情や心の動きに着目してみる」ことにチャレンジしてほしい。

■「人によっては気にするコトバ・振る舞い」を避ける

他意はなくとも、してしまいがちなコミュニケーションの悪例について述べてみたい。

昨今、上司が部下に対してパワハラを指摘されないか怯《おび》えているため、昔であれば注意を受けた「当たり前のこと」が見逃される傾向にある。過去に私が百戦錬磨の先輩方から指導を受けたうちのいくつかを紹介するので、役立てていただきたい。

■「そうなんですよ！」

会食に限らず、目上の方が多い飲み会でさまざまな方からアドバイスを頂く機会があるだろう。その際に「そうなんですよ！」と相づちを打ってしまう方はちらほらいる印象だ。

これは極めて不適切である。自覚している欠点、意識している改善ポイントについて指摘をされた際にしがちなのだが、「それは言われなくてもわかっています」と捉えられてしまうリスクがある。言い換えて「おっしゃる通りですね。今後気を付けてまいります」「貴重なアドバイスをありがとうございます。大変勉強になります」などとしよう。

■「参考にします」

使いがちな発言である。「参考にします」だと、「自分の意見は決まっているが、あなたの意見は参考程度に聞いておきます」という意味になりかねない。

目上の人やゲストからアドバイスを頂いた場合、正しくは「勉強になります」だ。

■「この店初めてで」

あなたがホストの場合、仮に初めて利用する店であったとしても伝えるべきではない。ゲストからすると「初めての店を選ぶということは、私たちが大切にされていないのではないか」と捉えられかねないからだ。会食でよく使うジャンル（フレンチ・イタリアン・割烹・会食向けの居酒屋）ごとに行きつけの店を作り、信頼関係を築いておくに越したことはない。

■「わざわざお越しいただき」

多くの方が使ってしまいがちなのだが、「わざわざ」には「しなくてよいのに」という意味も込められている。「わざわざお越しいただきありがとうございます」は、「本日はお忙しい中貴重なお時間をいただきありがとうございます」と言い換えよう。

■シェフやサービススタッフと仲良くしすぎる

これは会食慣れしている人でもよくしてしまう過ちである。自分が大切にしている店に連れてきたことを暗にほのめかすため、サービススタッフやシェフと懇意にしている姿を見せるのだ。当人はよかれと思ってやっていても、ゲストは疎外感を感じてしまう場合が非常に多い。

「自分が懇意にしている店だからこそ、ゲストにも特別待遇をしている」のを伝えたい気持ちはよくわかるが、ゲストファーストの徹底を忘れてはならない。サービススタッフやシェフとは適度な距離感を保とう。

中盤：怖《お》じけずに、プライベートに踏み込め

会食の大きなメリットは、仕事中にはなかなか話すことのない参加者のプライベートな側面を知ることができる点にある。緊張の解けてきた中盤では、勇気を出してプライベートに踏み込もう。そのコツをお伝えしたい。

■ 世間話から、フックとなる共通項を見つける

どうやれば相手からプライベートの話を聞き出せるのかよくわからない方も多いだろう。その場合は次のように、相手の現状をイメージして、**仮説をぶつけながら、趣味の話などに近づけていく**といい。

あなた　◯◯さんって、**今お仕事忙しそう**ですよね？

ゲスト　いやーそうなんだよー、結構案件が立て込んでて。
あなた　そうですよね。◯◯さんは重要な案件をたくさん抱えてらっしゃるかと思いますが、**やっぱり土日も仕事で埋まっているん**ですか？
ゲスト　いや、土日はさすがに休めてるよ。
あなた　◯◯さんは精力的に働かれてるのであまり無理なされないでくださいね。ちなみに◯◯さんは貴重なその土日の休みに何をされてるんですか？
ゲスト　実は今子どものサッカーの指導にハマっていてね……。

ここで聞き出したいのは、土日の使い方と趣味だ。いきなり「趣味は何ですか？」「土日に何をしていますか？」と聞いてしまうと唐突感があるが、このような会話の流れで自然に聞くと話を引き出しやすい。

相手の好きなことや趣味に共通点があると、一気に距離が近づく場合が多い。趣味の話がピッタリはまれば、クライアントの重役とプライベートで仲良くなれる可能性もある。そうすればしめたものだ。自社の社員から一目置かれるに違いない。

共通の話題としてテッパンなのは、次のような内容だ。

■ 趣味・好きなこと

■出身地
■出身校
■行ったことのある旅行先
■グルメ情報
■スポーツ（ただし、野球以外）

最近ではサウナなども共通の話題として盛り上がる可能性が高いだろう。このような旅行やグルメといった幅広い層が興味を持つネタを趣味にしておくと、会話のネタに困らなくなるのでお勧めである。

共通点を見つけた際に、「○○さんと共通点が多くて嬉しいです！　もっとお話聞かせてください！」と一言添えるだけで、相手からチャームのある人物だとして可愛いがってもらえるだろう。

■「ウケる会話ネタ」を仕込んでおく方法

その他では日常生活を良くするライフハックネタも会話として好まれる場合が多い。内容は、便利グッズや快適な収納など、生活に関わることなら何でもＯＫだ（ただし、自慢にはならないように)。

私のX(旧Twitter)やnoteをご覧になっている人はピンときたかもしれないが、

■安ウマグルメ
■整体・マッサージ・鍼灸《しんきゅう》の名店
■疲労に効くサプリメント
■いびきの治し方

あたりは興味を持って聞いてもらえることが多いため重宝している。

さらには相手が後日行動に移したことを報告してくれたりもする。実はこの原稿を書いている5日前にも、かつて会食をともにした相手から「ｙｕｕｕくんが教えてくれたいびきの治療方法(レーザー治療)を試したら、いびきがなくなって妻からめちゃくちゃ喜ばれている！」と報告を受けた。

ビジネスの込み入った話をしなくても、こういった話題から話を広げ、相手の興味・関心に応じてライフハック情報を提供すればそれだけで十分会食の場を盛り上げられるのだ。

もし、グルメや旅行といった汎用的な趣味がない方には、「**自分の中の『バランスの悪さ』に目を向けて、ネタを探してみる**」というのをお勧めしたい。人より10倍時間と金を使っているものがあれば、それはあなたの強みだ。決して恥ずかしがる必要はない。そういったマニアックな話や趣味は武器になる。

私の同期に韓国アイドルのファンがいた。会食中のあまりの熱量にゲストが感化され、その後クライアントがキャンペーンで韓国アイドルを起用する際の担当にその同期が抜擢《ばってき》された、という事例もある。どのようなジャンルでもいいので、自分が熱をもって打ち込めるものを増やしていく。それが結果として仕事に繋がることは十分考えられるのだ。

忘れてはいけないのは、**ゲストの人生に興味を持つ**ことだ。相手の人生に対して真摯に向き合う覚悟を持つことが、堅牢な人間関係の構築には不可欠だ。

■ 誰にでも武器になる失敗談がある

役職の高い方がゲストにいらっしゃると、つい自分をアピールするために大きく見せようとしてしまいがちである。しかし忘れないでほしいのは、発言内容ではなく、「実際の行動」こそがその人の見極めに使われるということだ。会食メソッドに沿って徹底した準備ができていたなら、それだけでゲストは驚くはずだ。

会食中は、決して背伸びして自分を伝えなくてよい。付け焼き刃の知識で食やワインに関するうんちくを語る必要もまったくない。むしろ、自分の手痛い失敗談こそ会食においては鉄板ネタとなる。トラブル・失敗談は人生の宝物になると心得よう。

■「お誘い」は絶対に口約束で終わらすな

会食メソッドに沿ったディレクションを通じてクライアントが満足し、場が大いに盛り上がった場合にはその場で「また飲もう」「ゴルフに行こう」といった話になるかもしれない。

これは、またとないチャンスだ。必ずものにしなくてはならない。他者は自分が思っている以上に、「些細《ささい》な約束でも守る人物かどうか」を見ている。「口では盛り上がりながら、結局次の行動に移さない人間」は、知らない間に減点されてしまうのだ。

まず、**その場で手帳・社用携帯を取り出して日程を相談しよう。**その場での日程調整が難しかった場合は、次の日の御礼メールと合わせて具体的な日にちを自ら出すように。

もしかしたら相手は口約束程度と考えており、温度感が異なるかもしれない。

しかし、それでもだ。それでもチャンスを逃さないために、行動に移そう。

どんなに良い縁や機会に巡り合っても、繋げなければ可能性は広がらないのだ。

■ とにかくFacebookを交換せよ

会食は若手にとって千載一遇のチャンスである。ゲストの上席者に対して自分が気に入られれば、社内でも一目置かれる存在になれるのだ。

とはいいつつも、どうやって上席者と間合いを詰めていけばいいかわからない方がほとんどだろう。多くの会食初心者は、文脈を無視して「今度ご一緒させてください！」と間合いを詰めようとしてしまう。苦笑いされることもあるだろう。

若手だからこそ向こう見ずに上席者と間合いを詰めてもいいのだが、できるならスマートに次につなげるほうがベターだ。ではどうすべきか。**お勧めは第1段階としてFacebookで繋がることだ。**Facebookは若者の利用率が低下しているが、40代以上にとってはいまだにアクティブなSNSである。傾向として社会的に成功している方の利用率が高いので、目上の方と仲良くなりたい場合に必須のSNSだと覚えておこう。

実際の会食現場では、次の流れでFacebookの友達リクエストをすればよい。まず序盤から中盤でプライベートに踏み込んだ話を聞き、その中で趣味や好きなことの写真を見せてもらうのだ。その際「本当に素敵な写真ですね！　こういった写真はFacebookとかにもあげられているんですか?」と聞いてみよう。もし答えがYESだった場合しめたものだ。その場で「僭越《せんえつ》ですが友達リクエストさせていただいてもよろしいでしょうか? もっと○○さんのことを知りたくて!」と聞いて交換しよう。

Facebookを交換するメリットは、ゲストのパーソナリティが非常によくわかることと、自分が積極的にいいねをすることで相手のマインドシェアを高められることにある。古今東西、どれだけ偉くなろうとも、人間はSNSでリアクションをくれる人が可愛いのだ。

自分が懐に入れそうなトピックが投稿された時に「ぜひご一緒したいです!」とコメントを残し、相手から好意的なコメントを返してもらったらDMで予定を調整しよう。実際私はこの手法で会食を共にした会社の役員や代表と繋がりを深め、転職した今でもご自宅に呼んでいただけるような仲を築くことができた。

相手がFacebookをしていなかった場合、距離を近づけるのに有効なのはゴルフだ。ゴルフの話題が相手から出てきたら「自分も○○さんのようなスコアを出せるようになりたいです」と言えば、もしかしたら誘ってもらえるかもしれない。残念ながらyuuuはゴルフが得意ではないので、ゴルフを通じてゲストとお近づきになる機会を今まで10回以上は逃してきた。ゴルフは今でも目上の方と仲良くなるための強いツールとなるので、余裕があればぜひ習得してほしい。

終盤：あなたの真の「情熱」を今こそ伝えよう

■あなたの「情熱」は、会食でこそ生きる

会食の終盤で、特に話しておきたいテーマがある。それは、あなたの「情熱」だ。

実は「情熱」は、若手の方にとっては先述した原則「素直さ」「Integrity」に並ぶ重要なファクターである。

人生に対して無気力な人と比較して、何か成し遂げたいことのある人は極めて魅力的に映る。これはビジネスにおいても同様だ。

会食は「想像力と確固たる意志が試される場」だと何度もお伝えしているが、まさにこの「**確固たる意志」を作る要素の一つが「情熱」だ。**後半になるにつれてモードを切り替え、熱を持った話をしよう。

それでは、会食の場においていて具体的にどのように熱を伝えるのか。これは非常にシンプルだ。**自分の取り組んでいる仕事、そしてゲストに対する思いを、熱を持って語ればいい。**相手の感情を揺さぶるような真実の迫力をもって、魂を交差させるのだ。

会食の終盤で求められているのはビジネス状況の分析をはじめとした小難しい話ではない。「熱や思いのこもった意気込み」「脈打つような言葉」だ。そういった青くさい話をするのに、会食ほど適した場はない。

日頃はなかなか口に出す勇気がない人もいるだろう。実は会食の場は、こういった普段なかなか言わないことを言うベストタイミングだ。ハードルがグッと下がっていることを理解していて損はない。

- なぜこの会社に入社したのか
- 入社して最も成し遂げたいこと
- 自分の人生のビジョン
- ゲストと一緒にいい仕事がしたいという熱意

こういった熱のある話は、ゲストはもちろんのこと、ホスト側の人間にもきっと響く。その結果、新たなビジネス機会を獲得できる、あるいはゲストから仕事をもらう経験を私は幾度となく得てきた。

年齢が上のビジネスパーソンほど、こういった話は響きやすい。私が参加していない会食において、「そういえばyuuuさんの最近の活躍を知りたいから、呼んでよ！」とクライアントから指名されて参加したこともある。このように会食はチャンスの宝庫であり、そのチャンスを生かせば上司からも一目置かれる存在になれるのだ。

私自身、人生で何をしたいかという話を会食で聞かれた際には、このように伝えていた。

「自分の手の届く範囲で困っている人の助けになりたいです。どんなに微力でも、周囲の方の手助けをする。自分が仕事で成長して、手の届く範囲を広げる。歴史に名を残さなくていいので、周囲の方の助けになりたいんです。自分の命を燃やす先は、それだと決めていて、それが自分の生き方だと思っています」

広告代理店から転職したにもかかわらず媒体社の局長から仕事を頂けたのは、その媒体社に捧げた自分のそれまでの仕事と、傾ける愛の総量が認められたのではないか、と考えている。

ちなみに、「情熱」の話は、会食の終盤にかけてするよう温存しておこう。アルコールがほとんど入っていない序盤にしてしまうと、温度感にギャップが生まれる可能性がある。ある程度アルコールが入った後のほうがそのような話が受け入れられやすくなるため、終盤にかけて話をしよう。

第7章まとめ

■何よりも「減点されないコミュニケーション」を心掛けよう。
■まずは、「相手の出方をうかがう」のが基本。
■都合の悪い話や悪口は、同意せず黙ってやり過ごそう。
■重要なこと・忘れてはならないことは席を立ってでもメモしよう。
■「打てば響く」という信頼を勝ち得るため、素直な人柄を伝えよう。
■序盤は「聞く」、中盤は「踏み込む」、そして終盤は「情熱」を語ろう。

第8章

二次会・翌日対策
会食の成果を倍増するクロージングの作法

店を出ても会食は続く。会食本番を終えるとつい気が緩んでしまいそうになるが、会食は「翌日に御礼メールを送るまで」が会食だと心得よう。

本章では、会食本番を終えた後の一連の作法 会食メソッド⑭ **クロージング**、会食メソッド⑮ **翌日対策**について紹介する。

終わりよければすべてよし、という言葉もあるように、会食においてはクロージングを徹底的にデザインすることにも気を抜いてはならない。せっかく会食が盛り上がり成功しても、最後がグダグダになってしまっては元も子もないのだ。「一人になるまで気を抜かない」を念頭に、柔軟な対処を心掛けよう。

後世にわたって語り継がれるような会食の総仕上げをするくらいの気持ちでクロージングに臨もう。

店を出ても会食は続いている 会食メソッド⑭－1 クロージング

■ 会計のタイミングをコントロールする

会食が終わりに差し掛かってきたタイミングを見計らって、会計を済ませよう。会計を済ませた後に追加注文が入るのを避けるために、「**この後のお飲み物の追加は大丈夫でしょうか**」と予め確認を入れておくとよい。

会社の経費精算用の法人カードがある場合は、法人カードでの支払いを忘れずに。私は一度自分のクレジットカードを誤って使ってしまい、自己負担となってしまった手痛い記憶がある。

会計の際に特に気を付けるべきなのは、社内の領収書の取り扱いルールだ。会食メソッド④選定基準書の作成↓上司との合意（116ページ）で確認すべき項目であるが、忘れてしまった場合は上司に「宛名をどうすればいいか」を必ず確認しよう。宛名を間違った場合は経費精算ができなくなる恐れもあるので要注意である。

会計が終わった後あたりにサービススタッフに依頼をして、手土産・プレゼントを持ってきてもらおう。

「つまらないものですが」といって差し出すのはＮＧだ。あなたが想像力を巡らし、相手の喜ぶ顔を見るために考え抜いたプレゼントは、決してつまらないものではない。手土産・プレゼントは、自信を持って「〇〇さんがきっと喜んでくださると思ってこのプレゼントを選びました」と言葉を添えて渡そう。

■ 解散後のタクシー手配

事前に一次会で解散だとわかっている場合は、手土産・プレゼントを渡す前のタイミングで店側にタクシーの配車依頼をしておこう。細やかな配慮として、私はいつも日本交通のタクシーの配車依頼をするようにしている。業界最大手だけあり、サービスの質が極めて高い印象がある。特に関西において人気のＭＫタクシーもお薦めできる。

会食の場で判断した結果一次会で解散となった場合は、下見で調べておいたタクシー乗り場までご案内しよう。いずれの場合においても、タクシーチケットがある場合は渡すことを忘れないように。

なお、**タクシー配車アプリで呼ぶことはお勧めしない。**なぜかというと、タクシー配車アプリの場合、どこに行ったかがアプリ上でわかってしまうためだ。

解散した後にゲストが別の会食に参加をする、あるいは別の場所で集まってゲストだけで飲み直す可能性もある。だからこそゲストに自由に過ごしていただけるよう、配車アプリは使うべきではない。

また、帰りの方向が同じ場合はゲストに同乗して、タクシーで送る場合もあるだろう。その際はすすんでタクシーの奥の席に座ることをお勧めしたい。通常であれば奥の席が上座になるのだが、ゲストを先に下ろし、後で支払いを済ませるためには手前よりも奥の席が適切だからだ。ただしこれもケースバイケースで、たとえば雨が降っている場合には先にゲストが先にタクシーに乗車できるよう、奥の席に座っていただくのも手である。一律にこれとルールを決めるのではなく、ゲストにとってどうするのがいいかを考えて臨機応変に対応したい。

ゲストがタクシーに乗った後は、車が視界から消えるまで頭を下げ、しっかりとお見送りをしよう。

会食メソッド⑭ー2 クロージング

二次会の場所は「店を出る前」に確定しておく

「二次会の場所は少なくとも、一次会の店を出る前に確定する」という基本的な所作をまずは身につけよう。店の外に出た後に「どこの店にするのか」でグダグダしてしまうと、せっかくの今までの会食の仕切りが台なしになるおそれがある。**特に雨の日は要注意だ。**ゲストに不快な思いをさせないためにも迅速に二次会の場所を決定したい。

具体的にはこう伝えるといい。

「おかげさまで本当に楽しい時間を過ごさせていただきました。まだお時間が許すようでしたら、〇〇さんと二次会もご一緒したいです。行きつけの店やこの後行ってみたいお店などございますか？　特になければ私たちでこれからご用意しようと考えています。もちろんご家庭の事情などもあると思いますので、無理をなさらないでくださいね」

ここで大切なのは、「**すでに二次会の場所を予約している**」**素振りを決して見せない**ことだ。ゲスト側の家庭の事情や、その後の予定を無視して参加を強いることになってしまう。

すでに店の予約を済ませていた場合でも、「これから用意する」と伝えよう。

人数が確定できたら、二次会候補店への連絡だ。ここで**会食メソッド⑩** 二次会の準備（183ページ）が効果を発揮する。

ただし、ゲスト側に行きつけの店があり、どうしてもその店に行きたい場合はゲストの要望に従うべきだ。その際は事前に二次会候補として相談していた店に対して謝罪の連絡を入れて、後日プライベートで利用する、もしくは上司を連れていくなどしてリカバリーしよう。そういった貸し借りを一つひとつ積み重ねていくことで、二次会に困ることは劇的に少なくなる。

およその目安として、**700m以上距離が離れている場合はタクシーで向かおう。**雨の日は近距離でもタクシーが望ましい。4人で乗る場合は、助手席ではなく窮屈な後部座席の真ん中に座るべきだ。タクシーを2台呼ぶのもアリだが、その場合もホストが必ず同乗の上、二次会の場所を運転手に伝えるのがよい。二次会は事前のメールで場所を知らせていないことが大半なので、ゲストだけだと迷ってしまう可能性があるからだ。

■ 二次会の店は勝負をかけていい

結論から言うと、二次会は勝負をかけていいと私は考えている。一次会で完璧な仕切りと徹底的なゲストファーストができているからこそ、二次会では思いっきり変化球を投げていいのだ。

少し変わったお店で構わない。よく使われるのはカラオケ、バーなどだが、小規模な行きつけのスナックなどもいいだろう。ゲストが歌に自信がある場合は、ミュージシャンがその場で演奏してくれる「生バンドカラオケ」も大ウケ間違いなしだ。盛り上げたい場合はマジックバーなどもお薦めだ。魔法のような時間にゲストも思わずうなることだろう。

会食慣れしてきたら、コンセプトが売りのバーなど、相手があまり行ったことのなさそうなジャンルの店を使うのもいい。完璧なディレクションの一次会とギャップを演出することで、ゲストの記憶に残る会食となるはずだ。カラオケに苦手意識を持っている人は「第5部・会食メソッド　シーン別・全食事会完全攻略」で、カラオケでどう立ち振る舞うべきか記載しているので、ぜひ参考にしてほしい。

■一人になるまで気を抜かない

解散の前は必ず忘れ物チェックを怠らないように。二次会以降は酒も回ってきて忘れ物が非常に多くなるので要注意だ。

会食の解散時には「本当に最高でした！　○○さんとご一緒できてとても楽しかったです。ぜひまたご一緒させてください!!」と爽やかに伝えよう。

会食は、一人になる最後の最後まで気を抜いてはならない。これが鉄則である。

帰途においては、会食当日にもらった名言やアドバイス、ゲストのパーソナリティ情報についてメモを取っておこう。翌日以降に必ず重宝する。

アルコールが入っていると、大事なことでも翌日よく覚えていないパターンが多い。どれだけ当日中に書き留められるかが肝要だ。決して自分の記憶力を過信しないように。

コラム

万が一会食で「夜のお店」を使うなら黒子に徹しよう

ビジネス会食は接待とは異なり、「夜のお店」（ラウンジやキャバクラ、クラブなど、女性が接客する飲みの場を指す）のセッティングは不要である。私も数えきれないほどのビジネス会食の場を設けてきたが、二次会・三次会でキャバクラやラウンジをセッティングしたことはほとんどない。あっても、明朗会計のスナックまでである。

私自身は推奨していないが、上司やクライアントの意向でキャバクラやラウンジなどを利用するケースもあるだろう。そういった場合の対処法をお伝えしておく。

そもそもなぜ夜のお店が二次会に使われるのかというと、①接待交際費として経費に計上できる（会社による）、②店のキャストがゲストと会話をしてくれるので心理的に楽、という2点が主な理由だ。

しかし、楽だからといって二次会に夜の店を選ぶのはお勧めしない。なぜなら、ホスト側でコントロールできない要素が多すぎるためである。いわゆる夜のお店固有の慣習、たとえば時間がたったら隣につくキャストが入れ替わる（ただし、高級クラブのホステスは永久指名制）、キャストに対して飲み物やフルーツをオーダーしなくてはならない、会計の内訳が不明瞭である、などだ。お店側のもてなしに合わせて楽しんでいたらいつの間にか法外な値段になっていた、というケースがよくある。

私は会食慣れしていない当時、5万円で十分賄える予算感の夜のお店に行ったはずが、会計が23万円となって顔面蒼白になったことがある。その際には、ゲストに対しては「楽しかったですね！」と言いながら泣く泣く18万円自腹を切った。もちろんゲストに気を使わせないために、超過分を自ら支払ったことは一切言っていない。

つまり夜の店においても予算マネジメントが極めて重要となる。具体的な対処法は次の通りである。

■最初に税金・サービス料込みでの予算感を伝え、超える直前に声をかけてもらう
■「すでに結構酔いが回っているので、あまり積極的にお酒を勧めていただかなくて大丈夫です」と伝える
■参加者全員に予め、「お店から声がかかったら出ましょう」と話をしておく
■店に伝える予算感に1万円以上余裕をもっておく

正直、お店に対して行儀が良い仕切り方とはまったく言えないが、後々痛い目を見ないためにも冷静に対処しよう。また、夜の店では気が大きくなってトラブルが起こりやすいのも要注意だ。もし不穏な動きを察知したら、酔ったフリをして「〇〇さん!! 乾杯させてください!!!」とテンション高く乾杯しにいき、自分が間に入るのも

手だ。

当たり前であるが、キャストの容姿に対する批評・自慢・クライアント名を出す・威圧的な態度を取る・会計をゴネるなどは論外である。名刺を渡すとその名刺の住所宛てにハガキなどが届くようになることもあるので、渡す際にはそのことを念頭に置きたい。

また、自分がゲストとして連れていってもらった場合は、ホスト側の顰蹙《ひんしゅく》を買わないためにも、とにかく調子に乗りすぎないようにしよう。

以上、これはあくまで会食で経費を使う前提での窮屈な立ち回り方である。会食の際、夜のお店では割り切って黒子に徹しよう。

会食メソッド⑮ 翌日対策

「三度の御礼」＋メールで圧倒的な差を生み出す

「御礼メールを送るまでが会食」である。必ず送ろう。必ずだ。翌日の振る舞い次第で、会食の効果は何倍にも跳ね上がるということを覚えておこう。会食の解散前、自宅についた時、そして翌日の「三度の御礼」をホスト・ゲスト参加者に対して欠かさないのが基本だ。

三度目の御礼は必ず翌日中に。できれば対面が望ましいが、社内ならまだしもクライアントに対してはなかなか難しいだろう。時間優先で、前日メモに書き留めた内容を見返しながら、ゲストに対して御礼メールをしたためることを推奨したい。

気を付けるべきは、「上司を立てる」という原理原則だ。上司がゲスト全員に対して御礼メールを送付した後に、そのメールにかぶせる形でゲスト全員に対して送信しよう。もし上司がメールを打ち忘れているかもしれないと思ったら、「昨日の御礼はどうしましょうか？」と相談するように。自社で足並みを揃えることが大切だ。

ここで差がつくのが「ゲスト個人宛ての御礼メール」だ。**全体メールとは別に、会食当日のエピソードを添えてゲスト全員に個別でメールを送る**のだ。関係性によっては、個別に電話で御礼をしてもよいだろう。ここまで律儀にコミュニケーションを取ると、圧倒的な差が出る。

社内の参加者に対してもメールで御礼をしよう。可能であれば対面が望ましいが、時間が取れない場合は電話などでもよい。ここまで行えば、また次回以降も会食に誘ってもらえる可能性が大きくなるだろう。

なお、会食のお礼の仕方においても「メールがスタンダード」と捉えず、相手によって変えるのが好ましい。

私が日系大企業の取締役のようなエグゼクティブとご一緒した際は、その翌日の朝一番に会社近くのポストに御礼の手紙を投函するようにしていた。「あなたといつか仕事をしたい」という全身全霊の熱意を手紙に託して、である。その結果、まだ20代だった自分に取締役から指名で仕事の依頼が来たこともあった（会社の近くのポストに投函するのは、そのほうが少しでも早く着くだろうという考えからだ）。

これは「手紙というアナログなコミュニケーションが正解」という話ではない。相手によっては簡潔なメール・LINEで済ませたいという方もいるだろう。

御礼をどのようなスタイルで行うかにも、「想像力と確固たる意志」が問われている。

■すべての「結果報告」を忘れずに

他者からのアドバイスやサポートは行動と報告がセットだと心得よう。

上司から見て、育てたいと思う後輩像は「打てば響く」である。言われたこと、教わったことを愚直に実践して、結果を報告する。これができるだけでビジネスパーソンとしての成長スピードは飛躍的に向上し、周囲から愛される存在になる。

特に、人を紹介してもらったのに、その場で感謝を伝えて終わりという人がかなり多い。**人を紹介してもらった後は、必ず結果を報告する**ようにしよう。時間が経つと忘れがちなので、「会ったその当日に必ず報告する」を習慣化しておきたい。

会食中の失礼は
できうる限りの誠心誠意で謝罪する

どれだけ発言に気を付けていたとしても、ゲストの地雷を踏んでしまう可能性はゼロではない。また、自分自身が発言に気を付けていたとしてもホスト側の別の参加者が失言をしてしまう可能性もあるだろう。この場合は誠心誠意謝るしかない。

失言をしてしまったその場での謝罪はもちろんのこと、可能であれば次の日に相手のオフィスに行って謝罪をしたいところだ。もし相手側オフィスに訪問できない場合は電話、電話がつながらない場合はメールで「お会いしてお詫び申し上げなければならないところ、メールにて失礼いたします」と記載して謝罪をしよう。優先度は「対面∨電話∨メール」である。

また、**謝罪の電話の際は、①何を伝えるべきか一度文章にしてから、②上司に一度相談して、③その後に電話をする**とよい。謝罪の電話は緊張してしまって何に対してどう謝るのかを忘れてしまいがちだ。

私の経験上、**菓子折りを持って謝罪するのはやめたほうがよい。**謝罪の形式的なフォーマットに乗っかってその場を丸く収めようとしていると思われるからだ。相手の怒りに対して向き合い、誠心誠意謝罪をするべきだ。

表層的なマナーや礼儀作法をなぞるのではなく、他者への「想像力」と思いやりをもって「自分がどういった謝罪をすべきか」考え抜こう。

ここで一つ。失敗をしてしまった時はもちろん落ち込むだろうが、皆さんもそのような経験をした際は、そこは「いいことには敏感に、悪いことには鈍感に」くらいには気楽に考えていただきたい。私も、何度も会食で失敗したことがある。会食中の不用意な発言がきっかけで、決まりそうな案件が無くなってしまったことさえある。そうは言っても、失敗はつきものだ。ストレスを抱えすぎないためにも、ときにはそれくらい開き直ることも肝心だ。

これが会食メソッドのすべてだ。

ビジネス会食は締め切りのある戦いであるので、今回紹介したメソッドのすべてを徹底して行う必要はない。限りあるリードタイムの中で、何に優先順位をつけて取り組むべきか。最初に考え抜いて戦略を策定することが、会食を成功させるために必要不可欠だ。

なお、会食後、達成感に浸る時間はない。再度、**会食メソッド①**会食の背景/目的の理解・設定（85ページ）の目的を見返し、それを達成するために何をすべきか戦略を考えた上で行動しよう。

この会食の成功によって、今からあなたに千載一遇のチャンスが訪れるのだから。

第8章まとめ

- 二次会の会場は、一次会の店を出る前に決めておこう。
- 絶対に、一人になるまで気を抜いてはならない。
- 帰り道で当日の会食のメモを取り、振り返りをして、翌日対策につなげよう。
- 「すべての結果報告を忘れないこと」が大きな差につながる。
- 御礼メールを送るまでが会食である。全体メールとは別に、ゲスト全員に個別の御礼メールを打とう。
- 謝罪が必要になったときも、表層的なマナーではなく「想像力」で考え抜こう。

コラム

会食を受ける側の心構えについて

会食メソッドに沿って会食アレンジができるようになれば、自分がゲストとして会食に招かれる側になっても問題なく立ち振る舞えるはずだ。

特に意識しておくべきポイントだけ挙げよう。

■サプライズがないように参加者情報はすべて伝える

事前に情報を伝えずに、誰かをサプライズで呼ぶことはやめておこう。たとえ相手を喜ばせるためでも、だ。

今までホストの立場として会食メソッドを学んできた読者の皆さんならわかるだろうが、会食をセッティングするホストは徹底した準備を行っている。そこで変数が入ってしまうと相手側の計画を台なしにしてしまう可能性があるのだ。もし追加で人を呼びたい場合は、確定した段階で可能か否かの確認をするように。

■ホストの予算配分を意識する

ホストが費用負担するからといって、好き勝手に食事やワインを頼んだら相手の予算を大幅に超過させてしまう。それは、ホストの顔をつぶしてしまうことにもなりかねない。

高級店ではゲスト側のワインリストには価格が載っていない可能性もある。ホストに対して好みの味を伝えた上でソムリエとホストに選んでもらおう。

■ホストに渡す手土産・プレゼントの用意

ホスト側が費用を負担することがわかっている場合には、その御礼として、そして過度な貸し借りを作らないためにもホストに対する手土産は用意しておきたい。

■会食後は楽しい時間を過ごしたことへの感謝を最優先で伝える

会食が終わってまずすべきことは、ホストに対する感謝、そして「おかげさまで楽しい時間が過ごせた」というねぎらいの言葉をかけることだ。

素晴らしい店をセレクトしてもらったとしても、店の感想はホストへの感謝の言葉の後にしよう。なぜなら、「あなたたちと話した時間よりも、店の味が気に入りました」と受け取られてしまうリスクがゼロではないからだ。

よかれと思って伝えている方が多いと思うのだが、これはあなたが意図していなくても、中にはそう捉える方もいるという話である。ゆえにお店を出た途端に「いやー、美味しかったですね！」と伝えてしまうのを避けられると上級者の仲間入りだ。

■「素晴らしいお店だったので、今度個人的にも利用します！」の一言を

それでも、「選んでもらったお店への称賛」はぜひしたい。自分たちが選んだ店をゲストが贔屓《ひいき》にしてくれるのはホスト冥利《みょうり》に尽きるものである。

また来たいと思ったのであれば「今度はプライベートでも利用します！」と伝えよう。きっと喜んでもらえるはずだ。

ここでも忘れてはいけないのはその後のアクションである。「プライベートでも利用する」と伝えたのであれば、有言実行で一度は訪問しよう。その際に店で撮った写真を送れば「また一緒に食事を供にしたい」と思われる存在になれるに違いない。

第4部

会食メソッド
ケーススタディ

ここまでで読者の皆さんは、会食メソッドの何たるかが理解できたことと思う。第4部は、読者の皆さんに、ここまで学んできた会食メソッドが実際どのように使われるのかを体験していただくためのケーススタディである。

会食メソッドで一番難しいのが、何といっても「メソッドの実践」だ。

会食メソッドは、知識として持っているだけではまだまだ不十分である。現場で実践してこそ、正確に身につけることができるのだ。第4部を読み進めながら「自分だったらどのように動くか」をイメージしていただければ幸いだ。

ここでは役員の会食をディレクションするケースを取り上げた。実際に皆さんが会食の幹事を引き受けたつもりで、本項を読んでみてほしい。

会食メソッドを知っておけば、失敗の確率は劇的に下がる。だが、実際の現場では、さまざまな変数を統合的に捉える必要があるのもまた事実だ。予想外のトラブルに対しても、柔軟にその場で対応を考え判断を下せてこそ完璧だ。

会食は突然訪れる。そして会食のセッティングを依頼してくる上司は、とても忙しい。どんなに優秀な上司であっても、会食プランを細部まで考え抜いているとは限らない。だからこそ、自らが立てた仮説をもって上司をリードしていく必要がある。

会食メソッドに掲載されているチェックリストや、個別の注意事項と入念に照らし合わせてアクションを起こそう。

会食設定一つで、上司の評価は大きく変わる。

日常にこそ、千載一遇のチャンスは眠っているのだ。

■ ビジネス会食はいつも突然に

ここは広告代理店汐留オフィス。

7月3日。私のデスクに、直属の上司である市川部長が現れた。

「yuuuくん！　この間、うちの（役員の）山田さんが、（取引先の）役員の佐々木さんと盛り上がっちゃったらしくてさ。今度会食を設定することになったから、お願いしていい？」

来た。心に嫌な汗をかくような、この瞬間である。

「はい！　大丈夫です！」

こう即答した私は、まず机のデスクから会食メソッド全体フローチャート（本書特典、81ページにも掲載）を取り出す。

さて、落ち着いて取り組みたい。さっそく今回の会食のタイトルを「シチュエーション：取引先役員クラスの会食ディレクション」と書き込む。

最初にするべきは、会食メソッド①会食の背景／目的の理解・設定である。

既知の情報である「自社役員と取引先役員の話が盛り上がった」だけでは、具体的に何が盛り上がって会食が設定されたのか情報が足りない。まずはクライアントとのビジネス状況について詳しい上司に対して「会食目的チェックリスト」(86ページ)を持って質問を投げかけよう。

「承知いたしました！　ではお手数ですが、会食設定のために、いくつか質問をしてもよろしいでしょうか？」

「ああ。時間がないので早めにしてくれよ」

「先方の参加者は佐々木役員だけでしょうか？」

「いや、あと何人かいて……」

手に入ったのは次の情報だ。

クライアント参加者(ゲスト)

■佐々木執行役員マーケティング統括本部長

■吉田マーケティング事業部長

■糸原マーケティング事業部課長

自社参加者（ホスト）

■ 山田執行役員アカウントプロデュース統括
■ 市川第11アカウントプロデュース局部長
■ yuu第11アカウントプロデュース局ビジネスプロデューサー（自分）

これで、参加予定者と名前の整理ができた。

私はクライアント部長の吉田氏、課長の糸原氏とは面識があるが、クライアント役員の佐々木氏とは面識がない。ただ、課長の糸原氏とは非常に懇意にしており、踏み込んだ質問を気軽にし合える仲である。

次に**会食の日時**である。

市川部長いわく、会食の約束を取り付けたものの、山田執行役員が会食をお誘いしたタイミングでは佐々木役員以外の参加者が決まっておらず、日程も決まっていなかったようだ。自分がセッティングをする必要がある。

本日は7／3（月）。役員同士の会食であることを考えるとリードタイムは最低1か月程度はあったほうがいいだろう。ひとまず8／1（火）、8／2（水）、8／3（木）、8／4（金）、8／7（月）を調整のベンチマークと想定する。

■仮説を立て、会食の目的を想像する

次に会食を設定するに至った**きっかけの確認**だ。

会食を設定したのは市川部長ではなく山田執行役員なので、これは仮説をもって追加質問を投げかける必要がある。先ほどの市川部長の発言「自社の役員が取引先役員と話が盛り上がり、セッティングすることになった」だけだと、どういった観点で店を選べばよいか判断がつかない。役員同士の話が盛り上がるというのは、絶対に何かのきっかけがある。どんな可能性が考えられるか。

あり得るのは、新製品のヒットだ。佐々木役員が今年の1月に執行役員マーケティング統括本部長に昇進した後に、立て続けに新製品がヒットしている。WEBのインタビューでも「ヒットメーカー」

会食目的チェックリスト

会食の背景		確認
A	ホスト／ゲストの名前と肩書は？	☑
B	会食日時は決まっているか？ 決まっていない場合は誰がどのように決めるのか？	□
C	会食を設定するに至ったきっかけは何か？	□
会食の目的		**確認**
D	会食を通して達成したいビジネス目的は何か？	□
E	なぜこのタイミングで会食をするのか？	□
F	会食を設定した場合と設定しなかった場合で何を差として生み出すべきか？	□
G	会食における自分の役割／期待されていることは何か？	□

として佐々木役員が取り上げられていた。

ビジネスパーソンたるもの、仮説なき質問はありえない。仮説を立てて、このように質問する。

「山田さんと佐々木さんの話が盛り上がったそうですね。先日の新製品のヒットに関するWEB記事の件でしょうか？」

「そうそう。株価も滅茶苦茶上がっているらしくて。実際、会社の儲けもとんでもないらしくてさ」

株価までは注視していなかった。役員同士の話ということは、役員就任後の取り組みの成功についてのディスカッションが盛り上がったのかもしれない。

続いて会食を通して達成したい**ビジネス目的の確認**だ。

もしかしてビジネス状況が好調なうちに、さらなる新製品のローンチを考えているのかもしれない。こういったクライアントの動きを察知し、タイミングを逃さない役員の慧眼《けいがん》には目を見張るばかりだ。

「直近でクライアント内に大きな動きはありそうですか？」

「まだチームに共有できていないんだが、来年4月に大型商品のローンチが決まっててな。

その競合コンペが10月末に開催されるんだ」

徐々に全貌が見えてきた。おそらくこのタイミングで会食を開くことで、競合コンペを優位に進めたいという意図があるのだろう。

つまり、会食を通じて**達成したい目的は「10月末に開催される競合コンペで勝利に貢献する場」とする**こと。会食を開くことで**得たい差分は「会食を通じて信頼関係を構築し、競合の動向や自社に期待されている役割などの情報を収集し、競合コンペを優位に進めること」**だと仮説を立てた。

そのような状況において期待されている自分の役割は、会食の設定において「絶対に外さない鉄板の店を選び、ゲストに喜んでもらう」だろう。自分も佐々木執行役員のパーソナリティを深く知っているわけではないので、今の情報量で場所や店を選ぶのはリスクが高い。

これらの情報を整理して市川部長とコミュニケーションを取ったところ、「会食を雑務と捉えず、ビジネスを推進するためにここまで考え抜く姿勢がとても良い」とフィードバックをもらった。私の仮説も間違っていなかったようで、一安心である。

■日程調整はその瞬間に終わらせる

さて、会食メソッド②参加者全員の日程調整に移ろう。想定したベンチマークで山田執行役員の日程をスケジューラーで確認すると、8／1（火）、8／3（木）、8／7（月）の夜は現在空いていそうだ。私のスケジュール上も問題ない。

山田執行役員には秘書がいるため、念のため秘書にそれらの日に他に調整中の予定がないかを電話で確認する。ホストにおいては市川部長の代わりは利くが、**山田執行役員の代えは利かない。**念には念を入れて聞いておこう。

秘書からも「問題ない」と回答があった。次に市川部長の日程を確認すると、見た限りでは全日程とも可能そうであった。

カレンダーをブロックするに当たっては、仮の開始時刻を設定する必要がある。

会食店はまだ決まっていないが、クライアントが東京駅、自社が汐留駅が最寄りであることを考慮すると銀座・新橋周辺エリアが会食店のリードプランとなりえるだろう。そこで会食時刻を19時からと定め、山田執行役員、市川部長の予定にスケジューラーでブロックを入れた。**念のため前30分（18時30分〜19時）は移動時間として別途ブロック**をしておく。

ここまで来たら、次にゲスト側との調整である。選択肢としては①私がクライアントサイドの糸原課長と調整をする、②山田執行役員（もしくは秘書）からクライアントに展開をしてもらう、の2通りが考えられる。

これは自分では判断がつかない。このタイミングであまり話したことのない山田執行役員に挨拶に伺った。

「失礼いたします。第11アカウントプロデュース局のyuuuです。現在は主に◯◯といった業務を担当しており、今回会食をご一緒するクライアントに対しては部内で△△といった役割を果たしております。山田さんとご一緒できること大変嬉しく思います。当日はよろしくお願いいたします！」

簡単な自己紹介と会食への意気込みを簡単に伝えた上で、クライアントとの日程調整を誰から展開するのかを確認する。

「よろしく。日程調整はyuuuくんにお願いできるかな。今私の秘書が休みに入っていて、来週にならないと動けなくてな」

結論、自分がクライアント担当者との日程調整を任される形となった。

この挨拶のタイミングで、佐々木役員の好みや選ぶべき手土産・プレゼントに関連するインプットを依頼しておいたほうが話が早い。

「会食を最良のものとするために、佐々木役員をはじめゲストの皆様が喜ぶような会食をセッティングしたいと考えています。ご多忙のところ恐れ入りますが、佐々木役員のパーソナリティについてご教示いただけないでしょうか？」

「ああ。佐々木役員は高級なフレンチやイタリアンよりも、和食が好きなんだ。和食と言ってもカジュアルな居酒屋は避けてほしい。中途半端な味だとご機嫌を損ねてしまう。気をつけてくれよ」

今回は、「絶対に外せない鉄板の会食」でもある。順当に「上質感のある和食・割烹」を選ぶことをリードプランとする。

「あとはな、佐々木役員は子煩悩で、小学校6年生になるお子さんの成長をとても楽しみにしているんだ」

役員ともなるとこのあたりの情報収集も抜け目がない。この情報は手土産・プレゼントの選択において生かせるかもしれないと思い、メモをとって山田執行役員の席を後にした。

■チェックリストを使って、失敗の可能性を極限まで下げる

山田執行役員の話を受け、8／1（火）、8／3（木）、8／7（月）で糸原課長に日程の確認メールを送付する。メールの際に、次の確認を付け加えておいた。

- ■アレルギー・苦手なものの確認
- ■二次会の可能性があるか

糸原課長からは「8／1（火）希望です。佐々木執行役員が甲殻類アレルギーのため、避けていただくようお願いいたします。特にその後の予定はないため二次会についてはその場で考えましょう」と返事がきた。

これは危なかった。和食・割烹において甲殻類はよく使われるのだ。メールでの確認を怠っていたら大惨事になっていたかもしれない。

会食メソッド③ 周辺情報のリサーチに移る。

日程調整が完了したため、すぐにスケジューラーで自社の参加者の予定を確定させ、

ここで99ページの「リサーチチェックリスト」を開こう。

まずは必須情報の確認だ。すでにわかっているものは埋めつつ、自分では判断がつかないものについては確認をしておこう。

山田執行役員への挨拶で情報をヒアリングしておいてよかった。こうした情報収集に関しては、自分でゼロから調べるより上司の力を借りてすぐに把握するのが近道だ。

必須情報3の会食・二次会の金額上限については自分ではわからないため、市川部長にヒアリングしたところ、今回は役員同士の会食ということもあり、「上限は1人当たり3万円」とのことだ。

リサーチチェックリスト

必須情報	確認
1 参加者全員のアレルギー・苦手なもの	☑
2 キーパーソンの食の好み	☑
3 会食・二次会の金額上限	☐
4 ホスト・ゲスト間の費用負担割合	☐
5 会食場所の想定エリア	☑
6 個室が必須か否か	☐
7 二次会の開催確度・準備要否	☑
8 指定のビール銘柄の有無	☐
9 手土産・プレゼントの準備要否と予算	☐
希望情報	**確認**
1 ゲスト参加者の家族構成	☑
2 タクシーチケットの準備	☐
3 誕生日・社の記念日情報	☐

これは危ない。そう感じた私は、再度市川部長の席に確認に赴いた。市川部長は「3万円」としか言っていない。つまり、その予算が次のうちどれに当てはまるのかを確認する必要があるのだ。

■一次会のみなのか・二次会も含まれるのか
■税抜・税込どちらなのか
■手土産予算が含まれるのか

改めて聞いてみたところ、税込かつ二次会も含まれると判明。手土産予算は別途1人5000円（税込）だ。こういった小さな違和感を見逃してはならない。

役員同士の会食にしては意外と予算に余裕がないことに注意をしなくてはならないな。店選びを間違えるところだった。事前に確認をしておいて正解である。

さて、次の情報確認に移ろう。

必須情報4のホスト・ゲスト間の費用負担割合は念のため市川部長に確認をしておこう。
必須情報5の会食場所の想定エリアは当初の銀座・新橋エリアで差し支えないだろう。
必須情報6の個室が必須か否かについては、会食の背景にさかのぼって考えてみる。今回のビジネス会食で生み出したい差である「競合の動向や自社に期待されている役割などの情報を収集し、競合コンペを優位に進めること」を鑑みると、ゲストが話したくなった際に機密が保てる個室が適切だろうと判断した。

山田執行役員からのヒアリングでわからなかった部分は、このリサーチチェックリストを見せて、市川部長に確認を取った。会食選定基準書の作成に向けて不明な点があったら、選定基準書の確認事項でヒアリングをすればよい。これでリサーチは十分だろう。

次に、会食メソッド④選定基準書の作成↓上司との合意だ。ここまでの情報をもとに次ページの通りまとめてみた。

■上司との方針共有を経て、即日、会食店選定へ

市川部長は選定基準書を見て驚いたようだ。「ここまで会食に対して情報をまとめて合意を取りにきた部下は初めてだ」と。

ありがたいことに、市川部長自体が会食に熱心であることから、銀座・新橋周辺の店についても詳しいようだ。会食選定基準書に合うような店もいくつか候補としてもらえた。市川部長のお墨付きなので、この中から特に選定基準書に合う店を選べば失敗することはなくなるはずだ。

○○社 会食選定基準書

会食目的

10月末に開催される○○社主催の競合コンペの勝利に貢献する場とする

会食の前後で生み出したい差

競合の動向や自社に期待されている役割などの情報を収集できる関係を構築し、競合コンペを優位に進める

会食日時

8/1(火)19:00-終了未定(二次会の可能性有)

参加者

○○社:佐々木執行役員マーケティング統括本部長/吉田マーケティング事業部長/糸原マーケティング事業部課長

自社:山田執行役員/市川部長/yuuu

予算

会食全体:1人当たり30,000円×6人=180,000円(税込)※一次会・二次会込

手土産:1人当たり5,000円×3人=15,000円(税込)想定

会食エリア

銀座・新橋周辺エリアを想定

個室要否

目的を鑑み個室有で選定する

考慮すべきアレルギー・苦手なもの

佐々木執行役員が甲殻類アレルギー。混入回避のため甲殻類メニューは提供しないように依頼する

料理ジャンル方針

和食・割烹で選定予定(背景:佐々木執行役員が和食好きだと山田執行役員に聞いたため)

確認希望事項

①財閥系企業ではないため指定ビール銘柄はない認識だが、それで問題ないか
②二次会の支払いは○○社が持つ可能性があるか。○○社が持った場合に気を付けておくべきことはあるか
③二次会も含めてだと予算マネジメントが重要になることが想定される。会食中に予算を超えそうな場合、自分がサービススタッフと話をしてワインの注文を遅らせてもよいか。それともゲスト満足度を優先し予算超過はやむなしとするか
④二次会の選定はどういった観点で選べばよいか。○○社の行きつけの店があるか

NEXT STEP

①市川部長が、私の作成した選定基準書にフィードバックをする〈7/5(水)まで〉
②私が、選定基準書をもとに、会食店の選定と空き状況の確認をする〈7/6(木)まで〉
③私が、市川部長に会食候補店の提案を行い、会食店の決定をする〈7/7(金)まで〉
④私が、会食店の予約を正式確定させる〈7/7(金)まで〉
⑤私が、会食店の下見を行う〈7/10(月)まで〉
⑥私が、市川部長に手土産の候補を提案し、購入を済ませる〈7/12(水)まで〉
⑦私が、市川部長に二次会の想定候補を提案し、合意する〈7/14(金)まで〉
⑧市川部長が、会食後に佐々木執行役員との打ち合わせを設定。目的達成に向けたヒアリングを行う〈8/4(金)まで〉

それでは**会食メソッド⑤**会食店の選定・空き状況の確認に移ろう。

市川部長に教えてもらった店から選べばいいと思っていたが、実際に店の予約状況をWEBで確認してみると、なんと候補の4店舗のうちすでに3店舗が埋まっていた！　さすが市川部長が選んだ会食店だ。ここまで人気であるとは思わなかった。やはり、早く動いておくに越したことはない。

1店舗はまだ空いているが、1店舗のみで提案するのは比較対象がないため好ましくない。自分でも候補を探してみよう。

しかし、私はまだまだ会食店に詳しくない。そこで、この選定基準書をもって隣の部署で「歩く食べログ」と呼ばれている先輩に話を聞くことにした。その先輩は親身になってアドバイスをくれ、候補店が大いに増えた。しかもすべて選定基準書ぴったりである！

どれも捨てがたいが、先輩が「この店は味も内装もいいんだけど、サービススタッフの対応が完璧なんだよね！」と太鼓判を押していた店をレコメンドすることにした。「上質感」というキーワードにふさわしい内装だ。食べログやGoogleマップの口コミも見たが、ネガティブなポイントも見られず、評価は極めて高い。これは名店に違いない。自信を持って市川部長に推薦できる。

ＷＥＢ上で予約の空き枠もまだ残っていることを確認して、次は会食メソッド⑥上司への提案→承認の獲得だ。

今回レコメンドしたのは市川部長の推薦ではなく、先輩が推薦した店であった。市川部長としては自分の紹介した店の中から選ぶと思っていたようで、一瞬驚いた顔をしていた。

そこで、市川部長の候補店がほとんど予約で埋まっていたことを説明しつつ、市川部長推薦の店を含めた3つの候補店を挙げ、そのうちの先輩が推薦した店を第一案として提案した。「なぜこの銀座の店が今回の会食に最も適しているか」を熱弁したところ、市川部長は「そこまで熱意を持って取り組んでいるなら任せたよ」と言ってくれた。

よし。そして私は「市川さんにご紹介いただいたお店はどれも素敵だったので、ぜひ今度ご一緒させてください。市川さんと2人で行きたいです！」と伝えた。市川部長はくしゃっとした笑顔で「おう、ぜひ行こう！」と答えてくれた。ここまでくればあと少しだ。

やっと会食メソッド⑦正式予約と参加者への案内である。すでに空枠は確認していたので予約はまったく問題なかった。次は予約電話だ。146ページの「電話で話すべきこと」を参考にして電話をかける。このタイミングで下見の希望日時を伝え、予定を調整しておいた。丁寧な問い合わせが功を奏したのか、お店の担当者も快諾してくれた。

私は初めて利用する店だ。追加情報の提供については、下見の際に確認することにした。続いて場所の共有である。156ページの「招待状サンプル」を参考にして、招待状を作成するか。

ここまで終えれば、いったん手を放して大丈夫だ。あとは下見の日まで、じっくり手土産とプレゼントのプランを練っておこう……。

■数日後、いよいよ店とのやりとり・手土産選定へ

さて、いよいよ下見当日。会食メソッド⑧会場の下見だ。159ページの「下見の時のチェックリスト」を手に持ち、私は会食候補店に赴いた。

当日道に迷わないように、そしてスムーズなアテンドができるように……。駅からのアクセス、タクシーのつかまえやすい場所、席配置、喫煙場所の確認を済ませる。先輩の紹介だけあり、ネガティブな点は何もない。初訪問の私の下見についても懇切丁寧に対応してくれる。さすが先輩のお墨付きの店だ。これはサービススタッフの方にも力になっていただけそうだ。そして、今回は手土産を用意するプランだ。会食利用であることを伝え、手土産の持ち込みについても事前に相談しておこう。

店の準備も万全となったため、あとは 会食メソッド⑨ 手土産・プレゼントの購入に移る。**今回は送別や昇格祝いではないため、プレゼントではなく手土産をリードプランと定めた**。念のため市川部長に「つかぬことをお伺いしますが……佐々木さん、吉田さん、糸原さん全員、家族仲についてはどうですか」と確認をしておいた。全員、忙しいながらも家族と円満なようだ。これで安心して手土産を選ぶことができる。

さて、ここからである。どういった手土産であれば参加者の家族に喜んでもらえるのか。〇〇社は激務で知られている。おそらく家族との大切な時間をなかなかとれていないのではないか。そう考えた私は、夏の思い出作りをプレゼントすることに決めた。

174ページの「プレゼントのための情報収集リスト」や、176ページの「手土産・プレゼントの価値を上げるストーリーアイデアリスト」を手に、じっくり30分間、会社の会議室で思索にふけった。そしてあるプランを採用することにした。

花束のような見た目の美しい「花火」だ。

インテリアとしても楽しめる、華やかな空間が生まれる花火。これしかない、そう決めた。

そして、私は忘れていない。山田執行役員の言葉のメモを。

「佐々木役員は子煩悩で、小学校6年生になるお子さんの成長をとても楽しみにしている」

小学校6年生ということは、来年に受験を控えているのではないか？

市川部長に確認をしたところ、佐々木役員のご子息は慶應義塾中等部を目指しており、現在、学習塾で日々勉学に打ち込んでいるようだった。

佐々木役員に喜んでいただき、記憶に残るものを渡したい。

そう考えた私は、学問の神様である菅原道真を祀《まつ》り関東三大天神として挙げられる湯島天満宮・亀戸天神社・谷保天満宮のすべてに訪れ、絵馬に「佐々木役員のご子息の合格祈願」を自社の山田執行役員・市川部長・私の連名で書いた。そしてお守りをすべての神社で購入し、佐々木執行役員への手土産にすることにしたのだ。

一般的に、ゲスト参加者の中で一人だけに特別なプレゼント・手土産を渡すのは昇格祝いや送別を除いてネガティブに捉えられる可能性がある。しかしこういったお守りであれば、その点に関してもまったく問題ないだろう。これで手土産は万全である。あと少しだ。

■二次会の店は、事前に利用しておく

決まった店の報告、そして購入した手土産を山田執行役員に報告した。

すると「今どきそこまで会食に全力を尽くして準備する若手がいるとは思わなかった！手土産もセンスがいいし、何より佐々木執行役員が絶対に喜ぶはずだ。いいじゃないか!!」と大絶賛を受けた。

まだ会食メソッドの準備編でしかないが、ここまで評価が上がるとは。通常業務の範囲で役員に褒められることなんて若手だとめったにない。この会食を成功させれば、自分は強い印象を残せるのではないか。そういう気がしてきた。

会食メソッド⑩ 二次会の準備に移ろう。

山田執行役員に「今から二次会の準備を進めようと思います。どういったお店が望ましいでしょうか」と確認をしたところ、佐々木執行役員にはお気に入りのスナックが銀座にあって、そこに行きたがるのではないかという話を聞いた。

まだ会食実施までは時間がある。そう考えた私は、事前にその「佐々木執行役員行きつけのスナック」を訪問し、楽しんだ。そして、正式確定ではないが8／1（火）の会食の後に利用する可能性が高いことを伝えておいた。ありがたいことに、正式に人数が確定していない状態でも押さえてくれるらしい。これは助かった。

これでほとんどの準備は完了だ。最後に**会食メソッド⑪**最終準備をしよう。あとは会食に臨むだけだ。

ここまで高揚感のある会食は初めてだ。会食を「自分の作品」だと捉えてデザインする。これだけで会食が待ち遠しくなるなんて。

あとは206ページからの「ビジネス会食　会食当日編」を読んで当日に備えるだけだ！

第4部まとめ

■会食メソッドは実践が重要。現場での経験に勝るものはない。

■小さな違和感を見逃さないのが実践のポイント。

■トラブルがあっても、正しいステップで進めることが大事。

■自分で考えても解決できないことは積極的に上司に聞こう。100％聞いたほうが速い。

■本書のチェックリスト・特典をフルに活用することで、失敗の確率を劇的に下げることができる。

コラム

上司としてどう会食スキルを伝承するか

上司のあなたがこれまでに培ってきた会食メソッドは、ぜひとも後輩に伝えてほしい。血と涙と汗で築き上げてきた会食での作法は、履歴書にこそ残らないが、あなたが備える社会人としての確かな「価値のあるもの」だ。

しかし、会食の重要性を伝えようとしても、なかなかうまく伝わらない場合が多いのではないだろうか。

そこで、部下の会食セッティングをどのようにサポートすべきか私なりの考えを述べたい。（まずはぜひ本書を部下にプレゼントしてほしいのだが、）基本的には会食メソッドであっても、**他の業務と同様のリソースを割いて、指導することが必要**だと心得てほしい。

まずは部下の会食レベルがどの段階にあるのかを見極めよう。

■レベル1：具体的な指示がないと動き出せない

この場合、部下に適当に任せてはならない。上司が会食を取り仕切り、会食メソッドのフローを①から手取り足取り教えるべきだ。丸投げせずに自分が会食メソッドをどのようにディレクションするのかをレクチャーしてほしい。

自分のディレクションを見せた後は、レベル2に移行できるように会食設定を依頼しよう。ただし、目を離すと手が止まってしまうので、わからないことがないか、適宜フォローアップをしてあげてほしい。

■レベル2：目的と全体像を伝えれば動き出せる

会食メソッド④ **選定基準書の作成→上司との合意**までを自らが行い、その基準書の内容に沿って会食の準備を部下に依頼しよう。もし「どうすればいいか」と丸投げで質問が来た場合は、「仮説をもって提案してほしい」と伝え、主体的に考えるように促そう。

このレベル2で往々にして生じるのは、自ら伝えた選定基準と部下のアウトプットの差異だ。部下が具体的な行動イメージを持てていないことが原因だ。基準書を渡した後に、次は何をすべきか確認を取ってほしい。口頭で出てこなければ理解が足りていないので、具体的な行動を伝えた上で、メールでメモを送付してフォローアップをしよう。

■レベル3：目的を合意したら自走できる

会食メソッドの 会食メソッド① **会食の背景／目的の理解・設定**からチャレンジさせ、

会食メソッド④ **選定基準書の作成→上司との合意**で適切なフィードバックを行えば成功するはずだ。このレベルまでくれば、会食においては一人前である。

この3段階を意識して、部下に会食メソッドの指導をしてほしい。

また、会食の価値を理解した部下を、ぜひ、会食で使える店に連れて行ってあげてほしい。「会食においていい店」というのは、自分が経験しないとわからないものだ。

「地位が上がるほど役得ではなく、役損が増えることを覚えておけ」。これは白洲次郎の言葉である。部下の成長に投資をするつもりで、多少高くても身銭を切って店に連れて行ってあげよう。きっと会食の重要性や醍醐味に気づき、会食のセッティングを主体的に行うモチベーションが生まれるはずだ。

第5部

会食メソッド
シーン別・全食事会完全攻略

ここからは、会食以外の食事会・イベントに遭遇した際の攻略法に移る。

会食メソッドには、すべての食事会設定における重要なエッセンスが詰まっている。第5部では、この会食メソッドをシーンごとにアレンジして使う際に特に気をつけたい事項を紹介する。

ここまで紹介した「会食の核心」を会得していれば、その他の飲み会も難なくこなせるはずだ。「想像力と確固たる意志」が問われるのは、他の飲み会でも同様である。

公的な飲み会においては、それぞれ個別に押さえておくべきポイントがある。ただ、**会食メソッド**というブレない基礎があれば、その対応に困ることはなくなるはずだ。

送別会、忘年会、歓迎会、新年会、打ち上げ、さらには社内飲み会やカラオケなど、シーンごとにいつでも参照できるよう、デスクの引き出しなどにしまっておくのがお勧めだ。

中でも筆者は、送別会は特に重要だと考えている。余裕のある読者の方は、この送別会のパートだけでも読んでおいていただければ幸いだ。

「すべての人の節目に、全力で一生の思い出を残せ」

送別会完全攻略

ここで、私の人生を語るうえで欠かせない方を紹介したい。

その方は、私が担当していたテレビ局に勤めていた吉岡さんだ（つまり社外の取引先の方である）。とにかくストイックで自分にも私にも厳しかったが、私がテレビ担当としての仕事がうまくできない中でも、ずっと私のことを信じて支え続けてくれた方だ。その吉岡さんが異動されることになったとき、私が、送別会の幹事を拝命した。

私は心から、吉岡さんの記憶に残るような送別会を開きたいと思った。

上司の久保田さんにも吉岡さんの異動を伝えたところ、久保田さんはこう言った。

「いいかｙｕｕｕ、広告代理店の人間は礼節を重んじなくてはならない」

「礼節とは、すべての方の『節目』に全力を尽くすことだ」

「たとえ関わることがない部署に行く人でも、必ず送別会を開け。そして、この部署でお前と仕事をして最高だったと思ってもらえるように工夫をしろ。考え抜け」

「何かが返ってこなくてもいい。その人の一生の思い出に残る仕事をするのが広告人の使命だ。人生を懸けて吉岡さんを見送ってあげろ」


かつて、何もかも言い訳を続けてきた、無力な自分。

その自分に終止符を打つため、私はこの送別会に全力で取り組むことを決意した。

■ 送別会は「確固たる意志」で花開く

まずは、送別会の目的をどう設定するかを考えた。目的は、吉岡さんが人生の最後に思い出したくなるような素敵な思い出となる会にすること。そして次のフィールドでつらいことがあったときに、吉岡さんの糧になるような会にすることにした。

加えて、プレゼントだ。吉岡さんは損得勘定抜きに人との精神的な繋がりを重視するパーソナリティの方であったため、実利的なものより「見返すたびに、満ちあふれるような幸福感が得られるような送別プレゼント」にしたいと考えた。

プレゼントを考えるにあたり、吉岡さんの興味関心事項を思い出してみた。吉岡さんは大のゴルフ好き。私が所属していた会社の社員とゴルフに行く機会がたくさんあったため、ゴルフへの思い入れが強いと推察した。その一方で、ゴルフが好きだからといって単にゴルフグッズをプレゼントするだけではいつか忘れ去られるだろうとも思った。

そこで思いついたのがゴルフボールセット。そして、忘れられないプレゼントにするために、ボールに「吉岡さんにお世話になった社員の名前をプリントし、それぞれの応援メッセージを手書きする」ことにした。

社内で、吉岡さんにメッセージを書きたい人を部署異動した過去の関係者を含めて募ったところ、50個を超える名前入りゴルフボールを用意することになった。一人ひとりの名前を把握し、プリントの発注をかけ、デスクに行ってメッセージをもらうのは大変だったが、吉岡さんのことを考えるとまったく苦にならなかった。

私がこのプレゼントに込めた思い。それは、「吉岡さんの異動先でも、力になりたい」という心からの願いであった。

吉岡さんは今回、関西から東京へ転勤される。東京本社の人間と会話をするときに「関西支社の○○さんにお世話になった」とゴルフボールを見せ、話を弾ませるのにも使えるかもしれない。このプレゼントが、異動後に何かしらの効果を発揮することを切に祈っていた。

「今のこの部署で、私をはじめ、弊社の社員の誰からも愛されていた方であることを、どうか異動先の周囲の方々にも知ってもらいたい」。私は心から、そう思っていた。


送別会当日。私は吉岡さんの目の前で、「異動後も、私たちのことを忘れないようにデスクに必ず飾ってください」と伝えた。

「吉岡さんのビジネス人生において、このプレゼントがお守りになるように」

そんな思いを込めた。


プレゼントを受け取った吉岡さんは、一瞬黙り込み、そしてこう言った。

「ここまで俺のために考えて、最高のプレゼントをくれてありがとう。一生の宝にする」

私に常に厳しく、担当した1年間で一度も私を褒めたことがなかった吉岡さん。

その目には、涙が溜《た》まっていた——。

仕事とは何か。結局は、思い出作りなのだと私は考えている。人生の貴重な時間を費やす仕事において、一番覚えている瞬間は節目である送別会だ。

今まで会食について分量を割いて伝えてきたが、**特に送別会には、会食と同等に全力を尽くして取り組んでほしい。**たとえ送別相手の部署や会社が自分の仕事にかかわりのないところに変わるとしても、今まで共に過ごした時間が一生の思い出に残るように。

送別会の目的は「**送られる方に、この部署で過ごした時間を一生の宝物と思ってもらう**」ことである。その目的達成の重心は間違いなく、記憶に残るメッセージだ。

■ 送別会準備は会食メソッドでほぼOK

記憶に残るメッセージ以外に、送別会準備で必要なことを記載したい。大枠は会食設定と異ならないが、追加で意識すべきポイントがある。

1 乾杯の発声・送別の言葉・当人の挨拶の依頼

会食は少人数なので原則必要ないが、送別会の場合は準備する必要がある。明確なレギュレーションはないが、乾杯の発声は参加している中で最も役職が高い方、締めの言葉は送られる方と最も近しい距離でビジネスをしていた方がいいだろう。心を打つエピソードを持っている方には、積極的に締めの言葉を依頼したい。

締めの言葉の後に、送られる方からも最後の言葉が欲しい。

つまり、①乾杯の発声をする方、②送別の言葉（締めの挨拶）を贈る方、③今回、送られる方の計3人には、送別会前に依頼をしておこう。当日だとバタバタしてしまうため、開催の2日前にはお願いしておきたい（話をする側の方は、安心して堂々と話せばそれでよい。長くなりすぎなければ大丈夫だ）。

2 予算の傾斜配分の事前相談

送別会の場合、経費ではなく自分たちで支払うパターンが大抵だ。全員一律での支払いの企業もあるだろうが、日系大企業の多くではかかった費用に対して役職で傾斜をかける場合も多いだろう。送別会準備の際には、会食メソッド④選定基準書の作成→上司との合意の際に、大枠の予算傾斜についても相談をしておくとトラブルが少なくなる。

ただ、役職が上位だからといってあまりに傾斜を大きくつけすぎると上司から反感を買う。そこで、「役職を考慮した際にもっと傾斜をつけるべきではないか」と考えた場合であっても、**まずは少しなだらかな傾斜配分にしていったん上司に相談することを勧めたい。**「自ら進んで傾斜をきつくする」ほうが、上司のメンツも立ちやすいだろう。

送別会の場合は部署の中でも参加できる方、できない方がいるだろう。参加できない方にプレゼント代を請求しても基本的に問題ない。ただしどういったプレゼントを渡す予定なのかは送別される方にばれないように事前にメールなどで伝えておこう。

3 プレゼント

会食と同様、プレゼントの役割は「送別される相手が、どれだけ大切な存在だったかを伝える」である。ただ、送別会におけるプレゼントの重要性は、会食以上だ。

送別会のプレゼントにおける私のお勧めは、その人の特に注力していたビジネスのプロジェクトに関連するプレゼント、もしくは仲が良かった人に関係するプレゼントだ。

■「プレゼント」は異次元の力を発揮する

事例を紹介しよう。これは私が、広告代理店を退職する際の送別会のエピソードである。私は会食が転機となり、お世話になった広告代理店を離れて別の会社に転職することを決めた。仕事にも働く仲間にも恵まれ、素晴らしい会社員生活を送ることができた。

しかし、私が退職する時期はちょうど新型コロナウイルス感染症が猛威を振るっていたタイミング。会食はおろか社内の飲み会も、オフィスへの出社でさえ厳格に制限を受けていた。

そのような状況下での送別会。送別会の幹事を務めた私の後輩からは、「本当に申し訳ないがリモートでの送別しかできない」と伝えられた。私自身致し方ないと納得はしたが、それでも「最後のときに仲間に会うことができないのか」と非常に残念であった。

そして始まった送別会。その日は繁忙期のプロジェクトがあり、一部の後輩社員の参加は遅れていたが、懐かしい思い出話に花が咲いた。そして時間も終わりに差し掛かった頃、「では、プレゼントを渡します！」と告げられた。

当然、リモート上である。「いや待てよ、そもそもリモートなのにプレゼントどうやって渡すんだ？」と考えたその瞬間だ。

突然、自宅のチャイムが鳴った。

なんと、遅れていると思っていた後輩たちが、自宅までプレゼントを届けに来てくれたのだ。

プレゼントは、自分が立ち上げたプロジェクトのキービジュアルが美しくプリントされたTシャツ。そして私が担当していた新聞社の新聞紙で作られた、私の似顔絵であった。

後輩たちは、私が対面で送別会ができなくてきっと寂しがると考えたのだろう。だからこそ、私がオフィスに出社していたときでもなく、郵送で送るのでもなく、感染対策を万全にした対面形式で、プレゼントを渡してくれたのだ。

このプレゼントは、今まで自分が生きてきた中で最も思い出に残っている。私はもしこれからの人生でどれほど金額の高いモノをもらったとしても、このプレゼントをもらったときの喜びには敵わないだろうと感じている。今では別の会社で働いているが、苦しいときはいつでもそのプレゼントを見直して自分を奮い立たせている。

このように、送別会においては送られる人の立ち上げたプロジェクト、関わってきた仲間が思いを込めて作ったプレゼントなども、きっと喜ばれるだろう。

プレゼントに正解はない。しかし、喜んでもらえるプレゼントのヒントはきっと日常にあるはずだ。

送別会のカギはメッセージ、そしてプレゼントに懸ける熱意である。そのメッセージは誰から、どんな内容をもらうと嬉しいだろうか。送別される方が、心置きなく次の部署や会社で活躍するために、自分はいったい何ができるのか。ぜひ逆算して行動に移してほしい。

考え抜いた送別会は、固い信頼関係と絆を育む。自分に関わるすべての方の「節目」に全力を尽くし、あなたの「想像力」をフル活用して、相手の人生を彩る思い出をプレゼントしよう。

送別会まとめ

- ■送別会はすべての人の節目である。一生の思い出を残そう。
- ■送別会は特に、ストーリーのあるプレゼントが異次元の力を発揮する。

コラム

送別会で忘れられないメッセージを届けるヒント

中長期的な相手の人生まで見据えたプレゼントや行動は、相手の人生を良くするものになるだろう。

たとえ自分とは関係ない部署に相手が行くことになったとしても、思い出に残る送別会を開けば必ずどこかで返ってくるのだ。

まず、ここで2つ私の送別会事例を紹介しよう。

①「後悔」を水に流す送別会

1つ目は私の上司だ。私は上司の部署異動の送別会幹事を任された。

上司が野球好きだったため、当初は野球に関連したプレゼントを用意しようかと考えた。しかし、それだけでは心を打つプレゼントに昇華できなかったため、何か上司が送別までに心残りに思っていることがないかを考えた。

その際に頭をよぎったのが、上司と相性が良くなかった媒体社の部長である。上司はその部長の心をグリップするために懸命に努力をしていたのだが、最後の最後までその部長と良好な関係を築くことができずにいた。私の上司は最後の最後まで一度も、その部長から、お礼も感謝の言葉もなかったのだ。

「負けずぎらいのその上司が最後にやり残したことは、その部長から認められること
だったのではないか」。そう考えた私は、面識のなかったその媒体社の部長にコンタ
クトを取り、送別のメッセージ動画と手紙を頂くことができないか相談した。
「上司がこの部署で働いていたことに誇りを持てるようにしたい」。私の熱意を受け止
めてくれた媒体社部長は、動画の撮影と手紙を書くことを了承してくれた。
送別会の最後。私がプレゼントとしてメッセージを流し、その部長からの手紙を読
み終えたとき、上司の目には涙が溢れていた。

このように、「人の心を動かすプレゼント」ができたときに、自分は仕事をやって
いてよかったなと心から思うようになった。
その上司とは転職後もビジネスを共にすることがある。このように、思い出に残る
プレゼントは一生の絆を結ぶのだ。

②休みをとって、名古屋まで届けたプレゼント

2つ目の事例は私がお世話になったクライアント担当者の送別会である。
当時私は大阪勤務で、そのお世話になったクライアント担当者は名古屋勤務が中

心。対面できるのは、大阪に出張で来る月1回程度だった。
しかし、私は電話越しにその方にビジネス上の多くの指導をもらい、育ててもらった恩義があった。だからこそ送別会とは別に、その方にプレゼントを渡したかった。しかも、短期的に喜ばれるプレゼントではなく、何かその方の未来に繋がるようなものを考えていた。

大阪で送別会を開いた3日後、私は会社に有休を申請し、名古屋に出向いた。メッセージを添えた花束を携えて。目的は「大阪で勤めている人間が、有休を申請の上名古屋までプレゼントを渡しに来る」というシチュエーションを作るためだ。私は、「そのクライアント担当者が、私の所属している会社からそこまで愛されていた」ことを行動で示したかったのだ。

当日花束を受け取ったその担当者は、恥ずかしがりながらも、「ここまでしてくれたのは今までの人生でｙｕｕｕさんだけだよ」と喜んでくれた。

後日談となるが、その担当者は花束を受け取った後に「お前、あの代理店からそこまで評価される仕事をしていたんだな」と次の部署でも話題となったらしい。さらには後任の方から「〇〇が大変お世話になりました。理由はわかりませんが、〇〇から、最初の3か月間はyuuuさんの言うことを聞くように厳命されています！」と伝えられ、スムーズに信頼関係を構築できた。メッセージやプレゼントは重要であるが、このように「行動で示す」のも相手にとっては記憶に残るものだ。

私が送別会で心がけているのは、「逆算」だ。

メッセージは人間関係の文脈にしか存在しない。どれだけ美しい言葉を紡いだメッセージだったとしても、懇意にしていない方からもらってもさして嬉しくないはずだ。誰から、どんなメッセージをもらうと送別される方は喜ぶだろうか。その視点で逆算をしてメッセージを考えることを勧めたい。

私の事例のように、次のような相手からのメッセージは心に響くものとなりやすいだろう。

■ 送別される方が「苦手だったが仲良くなりたかった」相手
■ 送別される方が「認められたい」相手

心残りなく次のステージで活躍してもらうために、自分は何ができるのか。その視点でメッセージを送る人と内容を考えてみてはいかがだろうか。

幹事のメリットは「社内認知」

忘年会完全攻略

■忘年会は会食メソッドのアレンジでOK

送別会に続いて準備が大変なのは忘年会であろう。しかしご安心いただきたい。結論、忘年会の幹事は会食メソッドの応用でほとんど対応が可能だ。

ここでは自分が忘年会の幹事になった際にどのように攻略すべきかについて述べたい。今回は、部署単位で開催される30人以上の大型の忘年会を対象とする。

まず、忘年会の目的は「今年一年の労をねぎらい、仲間たちの相互理解を深め、より絆の強いチームにする」である。これは忘年会の規模・単位にかかわらず共通だ。

しかしそうは言っても、会食と同様に、忘年会の幹事も積極的に取り組みたい方はほとんどいないはずだ。上司からの指名で引き受ける場合が大半だろう。

ただ、希望はある。**忘年会の幹事というだけで、参加者する方全員の社内認知を獲得できるのだ。**つまり「大義名分をもって社内の方とゆるい人間関係を築ける」のだ。忘年会後、普段仕事で関わりのない方とコミュニケーションを取る場合でも「あ、あのとき忘年会で幹事をした人か」とポジティブに話が進む場合が多い。

また、会食同様、素晴らしいディレクションができれば、それだけで「コイツはできるやつだ」と思われて仕事が回ってくるようになる。

さらに、幹事は参加者全員と連絡する機会ができるので、今まで話したかったがなかなか接点を持てなかった方、自分が異動したい部署の方などにコンタクトを取る絶好の機会にもなる。「今回忘年会幹事を務めることになったyuuuです。○○さんと一度お話してみたいと思って、この機会にご連絡させていただきました。よろしければ一度お茶でもさせていただけませんか」と伝え、次につなげることも可能だ。

会食だけではなく、忘年会の幹事も、またとないチャンスなのだ。

■ 企画・出し物を乗り切るアイデア集

忘年会の醍醐味といえば企画・出し物である（以降、統一して企画と記載する）。が、これこそ最も幹事の頭を悩ませているだろう。ではどういった企画を準備すればいいのか。

ここで忘年会の目的に立ち戻りたい。「仲間たちの相互理解を深め、より絆の強いチームにする」、つまり**チームビルディングに資する企画こそ最も忘年会に適しているの**だ。

したがって企画は、個人で完結するビンゴ大会のようなものよりも「チーム制」で取り組むものがよいだろう。たとえば、「チーム対抗でのクイズ大会」は、鉄板ではあるが、忘年会に適している。逆に、一発芸的な出し物を後輩に強いるのは時代的にもそぐわないのでやめておいたほうがいい。女性社員にダンスを強いるのも同様だ。

■クイズ大会のヒント

クイズ作りの際には、次の4点を題材とすると考えやすい。

- ■会社関連：会社の歴史など
- ■部署関連：部署の平均年齢・今年一年の業績など
- ■社内ステークホルダー関連：各部署あるあるなど
- ■部署に所属する個人について：個人の趣味・意外な側面など

もちろんすべてを組み合わせてもいいのだが、私のお勧めは、社内ステークホルダー関連の理解を促進するクイズだ。たとえばこういったものだ。

「第1問：この4つの中で営業チームが特に困っていることは何か」

■ クライアントに納期交渉される
■ お客様が他社商品をすでに利用している
■ 営業チーム内のリソース不足
■ 商品には絶対的な自信があるのにクライアントに伝わらない

このように、営業チームならでは、マーケティングチームならではの悩みや葛藤をクイズの題材とするのだ。

ちなみに**クイズの解答は「全部正解」としてもOKだ。**やや難易度の高いクイズ作成となるので、念のためそれぞれのステークホルダーの取りまとめ役の方に対して事前にクイズの内容を見てもらいフィードバックをもらおう。

こういったクイズを経て、それぞれのステークホルダーに対して「お互い大変ですね」「いつもあなたたちには感謝しています、ありがとう」という言葉を引き出せたら忘年会は成功だ。お互いの業務理解が進み、今まで以上に思いやりをもって接することができるだろう。

ちなみに④の部署に所属する個人に関するクイズについては、**役職が上の方の「意外な一面」を題材に選ぶと盛り上がりやすい。**プライベートでの意外な側面や、上司の若手時代の失敗エピソードなどを題材にするのもいい。

ただし、題材とする個人にクイズの出題許可を取ることを忘れないでおきたい。許可を取らずにクイズのネタにすると、クレームに繋がることもあるからだ。場を盛り上げるために、個人のセンシティブな情報をクイズの題材にするのはやめよう。また、自分たちの会社・個人に関する情報共有や「いじり」については事前確認すれば問題ないが、特定のクライアントを名指しして言及する内容は慎重に取り扱うべきだ。忘年会や無礼講であったとしても、クライアントへのリスペクトは忘れないでおこう。

参加者のチーム編成については、年齢を固めないことをお勧めする。仕事とは異なるカジュアルなコミュニケーションを取り、組織の心理的安全性を高める良い機会でもあるのだ。自分が管理職であれば各課でのビジネス成果をスライドで10分ほどにまとめて発表し、全員でねぎらう時間を設けてもいいかもしれない。

自分のビジネスにフォーカスしていると、意外と横の課が何をやっているのかは知らないものだ。忘年会と部署同士の交流を兼ねるのもいいだろう。

■チーム対抗・格付けチェックのヒント

クイズ以外で盛り上がる企画としてお勧めなのは、ABCテレビ制作の『芸能人格付けチェック!』を題材とした「チーム対抗・格付けチェック」だ。『芸能人格付けチェック!』とは、出演する芸能人が「高級モノ」と「安モノ」を見分ける問題に挑戦し、正解数に応じて独自のランク付けを行う番組である。これをチームで行うのだ。各チームから1人選出し、フード・ドリンクを問題にする場合は目隠しをして行う。

使いやすいクイズの題材は次のページの通りだ。

社員の作品をクイズの題材とすると盛り上がるだけでなく、社員の特技を知る機会にもなる。絵やカメラについては社内で得意な方を見つけよう。

実はこの格付けチェック、一見簡単なように思われるが極めて難易度が高い。したがって、いわゆる「**ハズレを楽しむ**」**ような雰囲気作りを心がけたい**。選んだ後は思いっきりうんちくを語ってもらい、外したら大いにいじる、といったイメージだ。チームで一緒になったメンバーの意外な趣味や特技を知る機会にもなるのでお勧めだ。

格付けチェック問題例

ミネラルウォーター	VS	水道水
1万円以上のワイン	VS	コンビニの安ウマワイン
1万円以上の高級ウイスキー	VS	スーパーで買った廉価ウイスキー
5,000円以上の高級日本酒	VS	パックの廉価な日本酒
高級チョコレート	VS	コンビニで買ったチョコレート
有名画家の描いた絵	VS	絵が得意な社員が描いた絵
プロカメラマンの写真	VS	カメラ好きの社員が撮った写真

クイズ大会・格付けチェックともに優勝チームから準優勝チームあたりまでには景品を用意しておこう。会食メソッドの手土産・プレゼントとは異なり、最大公約数的に喜ばれる景品で問題ない。テーマパークのチケットやリラックスができるギフトなどでもいいが、過去にヘリコプタークルージングチケットのような大モノが出たことがあり、そのときの異様な熱気は、後々までの語り草となっている。予算の都合があるので難しいかもしれないが、このような、人生でなかなか経験できなそうな体験をプレゼントにするのもいいだろう。

■ 一年間の「思い出作り」は重要な責務

予算が許すようであれば、1年間を振り返るムービーを作り、忘年会の最後に流すとよい。日々目の前のビジネスに追われていると1年間があっという間に過ぎ去っていく。ムービーを全員にプレゼントすると、会場の全員が思い出に浸ることができる。きっと参加者それぞれにとって、思い出に残る忘年会になるだろう。社内で動画制作ができる人材がいればベストだが、いなくてもWEBで「忘年会 ムービー」などで検索すればたくさんの便利ツールが出てくる。スマホで撮った素材をもとに、数万円程度で制作することも可能だ。

余力があればムービーで使うメッセージを人にもらいに行くとよい。送別会完全攻略と同様に、「今、この部のメンバーたちがメッセージをもらえたら嬉しい方はだれか」を考え、日々苦楽を共にしているパートナー企業や関係の深いクライアントに依頼をするのも手だ。忘年会のタイミングでは新年を前にして退職・部署異動をする方も多数いるだろう。その方たちをターゲットとして、喜んでもらえるようなムービーを作るのも非常によい。

具体的には退職する方が新入社員時代に世話になっていたトレーナーや、一番仲の良かったクライアント担当者からメッセージをもらうのがいいだろう。この部署での思い出をずっと大切にしてもらうために何ができるのか、考えて行動してみよう。仕事とは、思い出作りだ。

■会場は原則「大箱・貸し切り」

忘年会シーズンである12月は需要がひっ迫するので、会場は早期に確保する必要がある。10月下旬のうちには忘年会の日程をフィックスさせ、お店の選定を進めたいところだ。

会食メソッドでは「下見は予約後でも大丈夫」と伝えたが、**忘年会の場合は正式予約の前に必ず下見に行こう**。参加人数が多いゆえに、店選びは難航するので要注意である。

さらに、ほとんどの場合、企画でプロジェクターを使う必要がある。プロジェクターの利用可否、できない場合は持ち込みが可能かも確認しておきたい。特に音響については注意しておきたいところだ。参加者が30人を超える場合はマイクを使えるかどうかも見ておきたい。

では、そのような大箱・貸し切り可能な店をどのように探せばよいか。お勧めは食べログに実装されているオンライン予約機能だ。日時・人数・貸し切り可否など細かい検索条件がつけられ、予約の空き状況まで確認することができる。

ここまでお読みいただいた皆さんにはおわかりだと思うが、食べログの予約機能はあくまでリサーチとして活用すべきであり、実際の予約は電話で行うようにしよう。予約前にはGoogleマップの口コミでのダブルチェックを欠かさずに。

ちなみに、大人数利用での貸し切りの場合は、通常のコースになかったとしても飲み放題を付けて一律でプランを組むなどの柔軟な相談ができることが多い。店側としても売り上げが見込めるありがたい客だからである。

その一方で、貸し切りのキャンセルは店側にとって大きな機会損失となるので、可能な限り避けたいところだ。万が一生じた場合は即刻連絡した上で、可能であればお詫びにプライベートで利用する、といった配慮ができるようになるとスマートである。

また、**大人数の予約では貸し切り可能な最低人数とキャンセルポリシーを必ず確認しておこう**。会社の事情で急遽日程が変更になる、参加人数が大幅に変更になるなどの可能性も十分に考えられるからだ。店側に対しても最小人数・最大人数で若干幅をもって伝えておくとよい。

なお、忘年会は会食以上に参加人数の決定に時間がかかる。参加人数が正式確定するまで待ってから動き出すと予約が取れずに大惨事となりかねないので、**忘年会の幹事を任されたら想定最大人数を置いて即、店選びを開始するように。**

ほとんど日数がない中、急遽忘年会の幹事を任された場合はスペースマーケットのような「レンタルスペース予約サイト」が活躍する。条件を満たさない忘年会会場で妥協するくらいなら、大勢が入れるレンタルスペースを借り、Uber Eatsなどで美味しい料理を配達してもらうほうが全体の満足度が向上する。スペースの貸し切りのため、発言内容に気を使う必要もない。レンタルスペース予約サイトは忘年会をはじめとした「直前の大勢の飲み会」に効力を発揮すると覚えておこう。

■ 会費周りはまず「前年を踏襲」しよう

会費周りも忘年会幹事の悩みのタネの一つだ。自分一人で会費の傾斜を考えると迷路入りする場合が多い。

忘年会が経費で賄われる会社以外は、会費を徴収する形になるだろう。事業部単位で行われるような大型の忘年会であれば経費で開催される場合もあるだろうが、所属課やチームのように人数のくくりが小さくなればなるほど、会費制になっていく傾向にある。

まず、過去の傾向を知ることから始めよう。つまり、昨年忘年会が開始された際の会費徴収ルールについてリサーチするのだ。企画が前年踏襲であると「捻《ひね》りがない」と参加者に思われてしまうリスクがあるが、**会費徴収については前年と同様の仕切りであればそう文句は出ない**はずだ。自分が過去忘年会に参加したことがあればそのときの会費徴収のメールを、新入社員や部署異動したばかりであれば、仲のいい先輩に「昨年の会費徴収のメールを転送いただけませんでしょうか」と言えば話は早い。

大抵役職で傾斜がつけられているだろう。その場合「どの役職に、どれくらい傾斜がつけられているかの掛け率」を学び、今回の参加者に当てはめてみよう。

その後、次のように確認を取ろう。

「昨年の傾斜では部長が○円、課長が△円だったので、その掛け率を踏襲しました。このくらいの傾斜で問題ないかフィードバックをいただけませんでしょうか」

忘年会後、役職の高い人間が傾斜でフラストレーションをためないよう、このように事前に話を通しておくのがお勧めだ。部長クラスに確認を取れば、まずトラブルになることはない。

会費徴収は手間がかかる。許されるのであれば参加時に会費を徴収するのが最も楽だ。とはいえいまだに忘年会後のパターンも多くあると推察している。忘年会の会費徴収は幹事もしくは一番下の年次の者が担当する場合が多いだろう。私が広告代理店に所属していたときは会費の回収に奔走し、債権が焦げ付いたことも幾度となくあったものだ。

トラディショナルな会社の場合は、メール本文に傾斜表を貼り、立て替えた人の口座番号を書いた上で「上記口座への振り込みか、もしくは対面で○○に渡してください」と伝えるのがスタンダードである。会社によっては、PayPayなどの電子マネーのＩＤも記載しておくとよいだろう。

■ 忘年会こそ人間関係を好転させるチャンス

読者の皆さんにも苦手な上司・クライアント・部下がいるのではないだろうか。また、苦手ではないにしろ仕事で衝突してしまい、そこから関係がぎくしゃくしてしまった人はいるだろうか。

はじめにのエピソードの通り、私自身仕事ができず不器用な若手生活を送っていたことから、大いに衝突し、その事実から目を背けて逃げ出し、周囲からの印象を悪くしていた。相手に対して苦手意識を持つと、無意識のうちに相手を遠ざけ、コミュニケーションを取らなくなっていく。そして疎遠になり、関係修復が不可能になっていくのだ。

このような状況のときに相手との関係をやり直す方法はたった一つだ。もう一度、自ら近づいていくしかない。

どれだけ嫌でも、逃げ出したくても、踏ん張って目の前の苦手な相手と距離を詰めるしかないのだ。逃げれば逃げるほど、自分が苦しくなってしまう。職場にいづらくなってしまう。自分が「この場所にいていいんだ」と肯定できるような未来を創るためにも、立ち向かってほしい。

忘年会などの節目の会は、そういった周囲とのネガティブな関係を好転させる千載一遇のチャンスである。まずは顔を合わせる。そして対面の場で「あなたとやり直したい。もう一度だけチャンスをいただけませんでしょうか。次は必ず期待に応えてみせます」と心を込めて伝えるのだ。

仕事での衝突の場合、仮に自分に非がないと思っていたとしても「あの時はすみませんでした」と謝罪しよう。そして、今後どうやって改善していくのか、対策を合わせて伝えるのだ。アルコールが入っているタイミングでいい。多くは語らなくても構わない。こういった節目の場だからこそ、お互い前向きに関係をやり直そうと思うのだ。

私は忘年会や新年会を活用し、今まで両手では足りないほどの関係修復を行ってきた。ここで伝える、「もう一度だけチャンスをいただけませんでしょうか。次は必ず期待に応えてみせます」という言葉は非常に強力だ。

この言葉は、苦手な人間関係の修復にはもちろんのこと、自社や自分の不手際でクライアントに多大な迷惑をかけたときにも極めて有用な言葉である。人間関係に悩んでいるすべての方にぜひトライしていただきたい。

忘年会まとめ

- 幹事の最大のメリットは社内認知。面倒と思わず、有効活用しよう。
- 「チームビルディング」という忘年会の目的を忘れずに。
- 困ったときは前年踏襲を原則にして対応しよう。

コラム

広告代理店で学んだ「徹底的な当事者意識と自責思考」

私の指導をしてくれたトレーナーの久保田さんが私に叩き込んでくれていたのは、「徹底した当事者意識と自責思考」だった。今になると、この厳しい言葉の意味が理解できる。

得てして、広告代理店は「中抜き」として叩かれる存在でもある。

トラブルが生じた。物事がうまくいかなかった。果たしてそれは、本当に自分の責任ではないのか。もし、それが本当に自分以外の責任ならば、それは、自分が「間に入った意味がまったくなかった」ということと同義である。

だからこそ、生じた結果には原因があり、そのどこかに自分が関係していたと考える。自分が直接的にはコントロールできないことも、間接的には必ずコントロールが可能だと考える。このような「徹底的な当事者意識と自責思考」こそが広告代理店の人間が持つべき最も大切なマインドなのだ。

何か問題が起きたときに自分以外の他者のせいにする、不可抗力だと言う。久保田さんをはじめとする広告代理店の先輩方は、私のこういった甘え切ったマインドを徹底して叩き直してくれた。

久保田さんに限らず私が代理店の諸先輩方からかつて受けた指導内容を記載しよう。その厳しさは現在のビジネスシーンにそぐわないかもしれないが、指導内容は極めて真っ当である。

■「いやだって、〇〇放送が言うこと聞かなくて」と許しを乞おうとしたところ、「言い訳するな！　料金見積もりアップの責任をテレビ局になすり付けるんじゃない！」と叱られた。

■自分の担当外の方から仕事の相談を受けた際に「すみません、それは自分の担当範囲外なので○○さんに聞いてもらえますか？」と回答したところ、そのテレビ局を担当する先輩から烈火のごとく怒られた。先輩から「『一度確認のお時間をください』と言って俺に確認して返答すればいいだけの話だろう。お前は自分のことしか考えてないんだな。もしそれなら俺も、お前の依頼を今後一切聞かないぞ？」と諭《さと》され、納得した。

■吉岡さん（筆者が送別会をした方である。３１０ページ）に折り返した電話で「ｙｕｕです。お電話もらいました？」と伝えたところ、「まず折り返しのお電話お待たせしましただろ!!　対応遅れの分際で何が『お電話もらいました？』だふざけんな!!」と叱責され、しばらく電話対応をみっちり指導された。

■自分の担当局から相談を受けた際、即座に「無理です！」と答えたところ、横で聞いていた久保田さんに「お前の判断ですぐに無理とか言ってんじゃねえ！　なんとかするのがお前の仕事だろ！　そんなすぐに仕事を諦めるやつなんか今すぐ帰れ!!」と言われ、あまりの剣幕に恐れおののいて帰ろうとしたらそれはそれで怒られた。
※その後、どれだけ難しい要望であったとしても、一度持ち帰って全力を尽くしてなんとかする、それでもできなかったらその際に誠意をもって謝るのが「断り方の流儀」だと教えてもらった。「何とかする」を全力でやり切るのが広告代理店の存在価値である。

久保田さんがいなければ、今の私も、会食メソッドもこの世に存在していなかった。お礼を言うのもおこがましいが、この場を借りて敬意を表したい。

会食メソッドを自在に使いこなす

全飲み会完全攻略

■社内飲み会はビジネス目的を「その場で」達成しよう

社内飲み・懇親会完全攻略①

社内飲み・懇親会全般を制する者は、ビジネスを制する。これは事実である。

会食メソッドでも伝えた通り、令和のビジネスシーンにおいて最も差別化できるのは、ビジネススキルではない。いかに堅牢な人間関係を構築できるかだ。

社内飲みの目的は「上司やチームメンバーとの絆を深め、ビジネス全般のサポートを取り付ける」ことにある。

このビジネス全般のサポートというのは、自分がビジネスで成果を出すにあたっての必要な支援はもちろんのこと、部署異動など自分のキャリア形成も含まれる。

社内飲みをする際は、**「この飲み会を通じて、自分は今どういった支援をしてもらいたいのか」と常に獲得目標を考えて臨む**と、実りのあるものとなるだろう。

飲み会に限らず、自分の目的達成に向けた提案・サポート要請の際に心掛けたいポイントは3つだ。

■ 順番：目的↓背景と課題↓提案↓相手に具体的に動いてほしいことの順に説明する
■ 相手にとっての価値：目的が自分だけでなく相手に価値があると伝える
■「ローリスク・ハイリターン」：コストや時間がかかる提案の場合、相手が受容できるまでコストや工数を小さくして提案する

また、副次的な効果として社内飲み参加者からのマインドシェア向上も期待できる。

それだけで、「仕事で成果さえ出していれば社内での人付き合いなんてどうでもいい」と考えている人物と圧倒的な差が出るのだ。

ビジネス会食においては「目的達成は会食の後」であるが、社内飲みであれば**その場で目的達成に向けた支援の依頼を上司に伝えてもよい。**むしろ上司としても、飲み会の場だからこそ部下の悩みに真摯に向き合いたいと考えているはずだ。

ただし1対1でない社内飲みの場合は、周囲のメンバーとの会話量やバランスを考えなが

ら適切にコミュニケーションを取る必要がある。くれぐれも「自分ばっかり話をしている」と思われないようにしたい。

「上司に奢っていただく前提」で動いておこう　社内飲み・懇親会完全攻略②

社内飲みの注意点。それは**上司に奢っていただく・多くお金を出してもらう前提で行動を取ること**だ。結果として割り勘だったとしても。

もう一度言うが、上司は、若手より自由に使えるお金がない。これが真実である。家族や子どもの養育費のために、お小遣い一日1000円で日々血のにじむような節約を重ねているビジネスパーソンは日本中に多く存在しているのだ。

したがって「飲みすぎない、注文しすぎない、上司の注文を優先する」。これだけを愚直に実践しよう。

会計がかなりかかりそうだと判断した場合は、自分から「いやー、とても楽しい時間でしたね。それでは全員分お冷やを頼みましょうか」と伝えてアルコール注文をうまく打ち切るのも上司への立派な配慮である。

上司に奢っていただいた、または多く出してもらったときは翌日会った際に必ずお礼を言うように。

また、読者の皆さんには社内に限らずプライベートでの飲み会も大切にしてもらいたい。飲み会を通じて心の通う人間関係を構築することで、人生は必ず、豊かになるからだ。

私は長らく、周囲になじめず薄い人間関係しか作ってこなかった。たとえ何歳になっても、手遅れなんてことはまったくないはずだ。スマホのスクロールをやめて、人と対面で関わる機会を持つ。飲みに誘い、友人の言葉に耳を傾け、楽しいひとときを過ごす。それこそが、現代においての幸福の処方箋であると確信している。

打ち上げ会完全攻略

■打ち上げ会完全攻略：「成功した感」を演出する

プロジェクトを一丸となって完遂した後、展示会が無事終わった後などは、社内外問わず打ち上げ会が開かれることであろう。ビジネス会食とはまた異なる配慮が求められるのが打ち上げ会である。自分がプロジェクトリーダーを担ったと仮定して、どういった立ち振る舞いをすべきかについて紹介したい。

打ち上げ会の目的は何か。それは「参加者全員が前向きな気持ちでプロジェクトを終え、自社やチームに対するロイヤリティを高める」ことにある。

そのためにすべきことは、「成功した感」を演出することだ。打ち上げ会に参加したメンバー**全員が「同じ旗の下」に集まっている**と思わせることが肝要である。

具体的には、このように動こう。開口一番「今回無事成功に終わったのは〇〇さんのおかげです！」と参加者の中の偉い方に伝えるのだ。これは自社・クライアント共通である。そして、チームで頑張ってくれた一人ひとりに対して、ねぎらいの言葉とプロジェクトで良かった点を述べよう。たとえ目標としていたビジネスの結果を出せなかったとしても、だ。

どれだけ厳しい結果であったとしても、チームを気持ちの面で敗軍にしてはならない。打ち上げ会を暗い雰囲気や反省会にしないのがプロジェクトリーダーたる自分の使命だと考えよう。結果に関する検証は昼間の会議室で行えばよい。まずは「このプロジェクトに参画してよかった」と参加者全員に思ってもらうために、勢いで押し切ろう。

後ろ向きな言葉は絶対に吐かない、反省会や説教の雰囲気を察知したら自分が介入し、前向きな話題に切り替える。

ちなみに店選びにおいては、会食と異なり、若干騒がしい雰囲気の店でも問題はない。もしプロジェクトメンバーの数が多ければ、貸し切りにできる店がベストだ。単価が高すぎず、飲み放題で一律料金の店も使いやすいだろう。

■ 新年会完全攻略：抱負を共有する場

新年会完全攻略

新年会の目的は何か。「今年のビジネス目標の達成に寄与する場」であることが望ましい。新年会は、①心機一転、仕事のモチベーションを向上させる、②今年のビジネス目標を理解し、各人が抱負や個人目標を掲げる場にしたいところだ。

お勧めは「チーム全員でランチ会に行ったその足で、神社に参拝する」だ。このランチで管理職がビジネス目標を伝え、チームメンバーそれぞれに対して果たしてほしい役割と期待していることを伝えるとよいだろう。

細かいＫＰＩ（重要業績評価指標）を伝える場は会議室でよい。あくまで新年会ではポジティブに期待をかけることに集中しよう。

管理職ではない自分が何をすべきかと言えば、神社に近い店の予約を取ることである。ランチの時間帯になる場合がほとんどなので、空いている店が限られている。ある程度リードタイムをもって予約するほうがいいだろう。

■歓迎会完全攻略：早期のオンボーディングを実現しよう

歓迎会完全攻略

歓迎会のディレクションは忘年会に近いので、忘年会の項目を参考にしていただきたい。歓迎会の目的は「新入社員や部署異動してきた方が心理的安全性をもって早期にオンボーディングできるようにすること」だ。できるだけ早く、部署に慣れ、馴染《なじ》んでもらおう。

ここで大切なのは「心理的安全性」である。具体的には次の3つを意識したコンテンツ作りを心掛けよう。

忘年会の企画と同じように、スライドで資料を用意しておくのもいいだろう。

- ■チームのミッションについて
- ■共に働くチームメンバーについて
- ■迎えられる方のパーソナリティやスキルアセットについて

パワーポイント1枚などでまとめて発表してもらうのがベストだ。特に関わるチームメンバーに簡単に自己紹介をお願いしよう。大切なのは新しく迎える方との共通点を作ることだ。

仕事だけでなくパーソナリティに関連する部分についても時間を取って話をしてもらおう。特に関係するメンバーには簡単な資料を用意し、発表してもらっても構わない。

そして大切なのは、発表後のフォローアップである。共通の趣味や似たような経歴を持つ社員が積極的に話しかけに行くように、率先して対応したい。

コラム

飲酒量が正義とされる飲み会対策

本書の読者の方の中には「いや、アルコールをどれだけ飲んで盛り上げるかが重要な飲み会ばかりなんだが」と思われた方もいるはずだ。実際、私も「飲酒量こそ正義。アルコールを飲んで盛り上げてなんぼ」のような飲み会も数多く経験してきた。

では、アルコールがほとんど飲めない私のような人間が、そういった「飲酒量勝負」の飲み会でどう立ち回るべきか。百戦錬磨の私の経験から、選りすぐりのものを紹介したい。

まず**何より一番大事なのは「参加者との期待値調整」**だ。

仮にアルコール耐性がある方でも、「実はほとんど飲めなくて……」という設定にしたほうが得をする場合が多い。「アルコールが飲める」と自称して得することはほとんどないと心得よう。「実は体質的に2杯程度しか飲めないんですけど、○○さんとのとても楽しい会なのでつい飲んじゃいます！」と茶目っ気たっぷりに言えば、そこまで飲めなかったとしてもきっとかわいがられるであろう。

「期待値調整」を済ませた上で、会食メソッドに従い、事前、もしくは会食中に席を立ち、アルコールをノンアルコールに変更してもらう例の「密約」をサービススタッフと交わそう。2、3杯目以降から、ウーロンハイを頼んだらウーロン茶、ジンジャーハイを頼んだらジンジャーエールが自身にのみ提供されるようにしておくのだ。それだけで「他の追随を許さない飲酒キャパシティがある人間」と見なされることだろう。

しかし、ノンアルコールへの置き換えができる店も限られている。自分の飲酒キャパシティを知られている社内飲みも問題である。そういった場合にはどうすべきか。

その際は、次のように対応しよう。

■ 最初の1杯目を勢いよく飲んで「飲みに積極的な」印象を場に植え付ける

■自分が注目されていないときにアルコールを飲まない
■相手に合わせてアルコールに口をつけたフリをする（口を閉じたままグラスを傾ける）
■テキーラなどのショットグラスの場合は、口に含んだ後むせたフリをしてトイレに行き、吐き出して飲まない
■高アルコールのものは酔ったフリをしてわざとらしくない範囲でこぼし、おしぼりで拭く

後ろの2つは店に迷惑をかけてしまうおそれがあるためお勧めはしない。「自分の身を守る必要のある飲み会」のときだけに活用し、くれぐれも節度を守って飲み会に臨もう。

料金の回収も難題だ。飲酒量が正義とされるような体育会系企業の社内飲みにおいては、会計を下の年次の者が任され、徴収に困るときもあるだろう。

私は、金額が十数万円を超え、かつ焦げ付きそうな飲み会の場合、クレジットカードをカバンの奥底に沈め、代わりにデビットカードを財布に入れておく、という技を使っていた。そして、会計の際にテーブルに財布の中身をぶちまけるのだ。

「すみません！　今クレジットカードを止められていてデビットカードしかなくて

……今手持ちの1万円と銀行口座に1450円しかないので、〇〇先輩、会計を立て替えていただけませんでしょうか。回収はもちろんお手伝いします！」

こう元気に叫びながら、私はこれで何度も飲み会債権焦げ付きリスクを回避してきた。ただし、この戦術を採用するかどうかはケースバイケースである。

飲み会において忘れてはならないのは二日酔い対策だ。私の所属していたテレビメディア部では「**強肝、解毒、強力グットA錠**」という市販の医薬品が、二日酔い対策の最終兵器として代々受け継がれていた。私も数えきれないほど二日酔い対策のサプリメント・薬を試してきたが、これは他の追随を許さず、最も効果を感じることができた。二日酔いでよく後悔している人は試してみてほしい。

本書の会食メソッドを身につけることができれば、アルコールによる「潰し合いの螺旋《らせん》」から降り、意義ある飲み会に昇華できるときが来るはずだ。私はそう願っている。

苦手でもできる秘伝のカラオケサバイバル術

カラオケ完全攻略

ここで、カラオケの完全攻略法について伝授したい。カラオケに苦手意識を持つ方は多いであろう。趣味趣向も世代も違う相手とカラオケに行くのは、ハッキリ言って気を使う。私もカラオケは極めて苦手であった。歌うことが苦手なだけでなく、カラオケ特有の内輪ノリにまったくついていけないのだ。

私の勤めていた広告代理店の猛者たちは、もしこの世に「カラオケ天下一武道会」があれば間違いなく第1シードであろう。

いうまでもなくカラオケを苦手とするyuuuがついていけるはずもない。同期カラオケに参加したときには、絶え間なく注がれる盛り上げ曲、暗黙知として受け継がれてきた飲みコール、不気味なタンバリン捌《さば》きに嫌気が差し、バイブスが絶頂に差し掛かる中でお手洗いに行くフリをして脱走したこともある（今でも、飲み歌の代表曲とされるサカナクション「新宝島」を聞くとあの時逃げ出したトラウマが蘇《よみがえ》るほどである）。

余談であるが、カラオケのコールは①ランダム系、②指名系の大きく分けて2つがあり、最初はランダム系のコール曲を入れて全員がアルコールを浴びボルテージを上げ、その後に飲みっぷりの芳しくない人を指名系で指すという広告代理店のカラオケ文化があった。興味がある人は広告代理店の人間にカラオケに連れていってもらおう。

では、カラオケ嫌いなyuuuが、ゲストとのカラオケをどう乗り越えたか。結論から申し上げると、押さえるべきポイントは2点だ。私の経験上、この2点だけ押さえればカラオケの攻略は急速に近づく。

歌が得意でないのに無理して盛り上げる必要も、ネタ曲を入れる必要もまったくない。ゲストからカラオケにおいて期待値を異常に高く持たれる広告代理店においても、それで十分なのだ。

1 1曲目を自分が入れる

「歌いたくなければ1曲目を入れるべき」と心得よう。この誰もが敬遠する「1曲目」を、「いいんですか！　嬉しい！　僕が行っちゃいますね！」と爽やかに言えば、そのあとは消化試合になる。**周囲から「あいつは先陣を切って、みんなが嫌がる1曲目を入れた」と評価**

されるのだ。

この役割さえ最初に果たせば、後は歌の好きな方たちに勝手に歌わせておけばいい。

2 スマートフォンを見ない

これが何より重要だ。他人の歌ほどつまらないものはない。できるなら帰って寝るかSNSやWEBマンガで暇を潰したいところだが、そこをグッと堪えてポケットにしまおう。なんならスマホはカバンに入れておくといい。

人は必ず、見ているのだ。自分が歌っているときに他の人が真剣に聞いているかどうかを。そして、自分の歌に集中せずにスマホを見ている人間、デンモク（リモコン）をいじっている人間にひっそりと心を閉じるのだ。

カラオケ中にスマホを見る行為は、今マイクを持っている方に対する侮辱行為だと心得よう。ここまで徹底的な会食ディレクションをしたのに、カラオケで減点されるのは悔しかろう。

どれだけつまらなくてもスマートフォンを見ない。そして1曲目を入れる。これだけ完遂すれば、カラオケはクリアだ。

■カラオケで入れるべき曲の3つの基準

とはいいつつも、1曲目に何を入れればいいかわからない、異なる世代の方が一緒の際にどういった曲を歌えばいいかわからないという方も多いだろう。特にコロナ禍においてはカラオケが制限されていたために、厳しいカラオケをほとんど経験せずに就職した方もいるのではないか。

そういった方のために、世代が異なる方に対してもオールマイティに盛り上がれる歌手と曲の選定基準を、独断と偏見で述べたい。

選定基準は3つだ。

- ■歌手の知名度が高い
- ■世代を問わず聞いたことのある曲
- ■アップテンポ（男性歌手の場合は特に）

裏を返せば、周囲が知らず、あまり聞いたことのない曲を入れるのは場が白けるということとだ。自分が歌いたい曲は、プライベートで入れればよい。仮に十八番《おはこ》であったとしても歌わないほうがいいだろう。**「みんながわかって、盛り上がれる」**を意識しよう。

358・359ページに、1970年～80年代生まれの参加者がカラオケで入れる代表的な歌手・曲をリストアップした。ここに挙げた歌手は知名度が高いので、マイナー曲でなければ他の曲を選定しても問題ない。これらの曲を知らない場合は、ぜひ聞いて練習してもらえれば幸いだ。ページの都合上ほんの一部の紹介となるため、「なぜこの歌手が入っていないのだ」と思われる方も多数いらっしゃるであろうがご容赦いただきたい。若手の方はぜひ実践の場で訓練していこう。

その他のテクニックとして、早稲田大学・慶應義塾大学に限り校歌や応援歌は意外と活用できる。ゲストと大学が同じ場合、早稲田大学「紺碧の空」、慶應義塾大学「若き血」を入れて、肩を組んで歌えば盛り上がることだろう。他大学出身者が白けるリスクもあるため、場が終盤に差し掛かってゲストと打ち解けてきたタイミングで仕掛けたい。

もし、これらの曲を入れても場が白けてしまった場合には、ひたすら聞く側に回り、相手の歌を褒めちぎろう。自他ともに認める音痴の方が曲を入れた際には、「○○さんが歌うと場がとっても盛り上がりますね！」と言えばよい。

1970～80年代生まれの世代が喜ぶ歌手・曲リスト　男性歌手編

THE BLUE HEARTS
- リンダ リンダ
- 情熱の薔薇
- TRAIN-TRAIN

サザンオールスターズ（桑田佳祐）
- 波乗りジョニー
- 勝手にシンドバッド
- 希望の轍

ウルフルズ
- 明日があるさ
- バンザイ
- ガッツだぜ!!

TM NETWORK
- Get Wild

Mr.Children
- シーソーゲーム ～勇敢な恋の歌～

ポルノグラフィティ
- アゲハ蝶
- アポロ
- ミュージック・アワー
- ヒトリノ夜

CHAGE and ASKA
- YAH YAH YAH

米米CLUB
- 浪漫飛行

少年隊
- 仮面舞踏会

TOKIO
- LOVE YOU ONLY

爆風スランプ
- Runner

嵐
- Love so sweet

尾崎豊
- 15の夜

湘南乃風
- 睡蓮花

スキマスイッチ
- 全力少年

BEGIN
- 島人ぬ宝

ゆず
- 夏色

B'z
- ultra soul

1970～80年代生まれの世代が喜ぶ歌手・曲リスト　女性歌手編

ZARD
- 負けないで

DREAMS COME TRUE
- 大阪LOVER
- うれしい！たのしい！大好き！
- 未来予想図II

髙橋洋子
- 残酷な天使のテーゼ

大塚愛
- さくらんぼ

JUDY AND MARY
- そばかす

モーニング娘。
- LOVEマシーン
- 恋愛レボリューション21

AKB48
- ヘビーローテーション

岩崎良美
- タッチ

夏川りみ
- 涙そうそう

REBECCA
- フレンズ

Superfly
- 愛をこめて花束を

いきものがかり
- じょいふる
- 気まぐれロマンティック

中島みゆき
- 糸
（縦の糸・横の糸でホスト・ゲストを重ねるのは鉄板ネタだ）

杏里
- CAT'S EYE

渡辺真知子
- かもめが翔んだ日

PRINCESS PRINCESS
- M

ポケットビスケッツ
- YELLOW YELLOW HAPPY

ブラックビスケッツ
- タイミング　～Timing～

今まで自分がカラオケに数百回参加した中で一番記憶に残っているのは、カラオケが苦手な先輩の生存戦略だ。その先輩はカラオケで「自分が最初にいきます!!!」と勢いよく手を挙げたと思いきや、おもむろにカバンからリコーダーを取り出して松任谷由実の「春よ、来い」を吹き始めたのだ！　決してリコーダーがうまかったわけではないが、その場は大熱狂に包まれた。リコーダーを常日頃持ち歩いて、備えているなど、誰も想像できるはずがない。

話を戻すが、カラオケにおいて大切なのは歌がうまいことでも、盛り上げるコールを知っていることでもない。相手にとってつまらない時間とならないように、**「全員が知っている曲を入れる」「人の歌をキチンと聞く」という思いやりの心**である。自分が歌うことに気を取られすぎず、常に他者への心配りを忘れないように。それさえできれば十分だ。

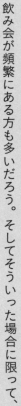

第5部まとめ

- ■ 会食メソッドを応用すれば、すべての食事会で失敗のリスクを飛躍的に下げることができる。
- ■ すべての公的な食事会には目的がある。目的志向で用意を進めよう。
- ■ カラオケが苦手ならなんとしても1曲目を入れよう。そして暇を耐えるしかない。

コラム

どうしても早く帰りたいときに選ぶべき店

週に1~2回程度の会食・飲みであればまだいいが、それが週に4回も5回も入るとなると体調にも影響が出てくる。会食はそこまでなくても、社内外のカジュアルな飲み会が頻繁にある方も多いだろう。そしてそういった場合に限って、大抵深夜深くまで飲みにいくものだ。

ビジネスパーソンたるもの、どれだけ会食や飲み会が入っていようが次の日に向けてコンディションを整えなければならない。そのハンドリングは自分の手腕にかかっている。そこで**私が早く切り上げたいときに取っていた手法「二次会ラーメン」**を紹介したい。

一次会のあとスナックなどに行くとその後かなり長い時間を過ごすだけでなく、三次会や四次会が待ち構えている可能性がある。そこで、あえて「まだ食いたいです！めっちゃラーメン食べたい気分になってきました！　今から皆でラーメン行きましょう！」といってラーメン店に連れて行くのだ。

ラーメンのようなシメを食べると、お腹が満たされて「じゃあ帰るか」という流れに誘導しやすい。広告代理店であまりにも会食・飲み会が立て続いた際に学んだクロージング手法であるが、日々深夜まで連れ回されている方は参考にしていただきたい。

ただし、ビジネス会食ではなく相手と深い関係ができているカジュアルな飲み会の場合に限られるので、ＴＰＯはわきまえて使っていただくのがお勧めだ。

おわりに——会食は人生の打開策だ——

ビジネス会食の需要は、消えなかった。新型コロナウイルスの影響で消えるかと思われたその火は、むしろ今まで以上に強く灯《とも》し続けられている。今までの失われた時間を取り戻し、再び絆を深め合うかのように。

それは、「会食こそビジネスを切り開く武器になる」ことを多くのビジネスパーソンが経験的に知っているからであろう。ビジネスの原動力は「自らを奮い立たせ、他者を動かす熱」であり、その熱が生まれる場所こそ「会食の場」なのだ。これからも、どのように社会が変革を遂げたとしても、会食がなくなることはないだろう。

本書では私が実務を経て体得してきた会食メソッドのすべてを紹介した。私は抽象論ではない「徹底的に実務に即した本質的な会食ノウハウ」を世に残したかった。だからこそ、本書の執筆を決意したのだ。結果として会食というテーマで14万文字に迫る大作となった。

中には、「会食にここまで徹底する必要があるのか」「もう少し手を抜いてもいいのではないか」と思われた方もいるだろう。しかし、この一種の狂気とも言えるような徹底に徹底を重ねた会食メソッドこそ、「人々の記憶に一生残り続ける、自分名義の芸術作品」を作り上げる一助になると確信している。

「会食の核心は、他者への想像力と確固たる意志」

これが、本書で最も伝えたかったメッセージである。

私は、人生とは「最高の思い出作り」であると考えている。人生の最後に残るのは結局思い出であり、大切な思い出さえあれば、いつまでも人生を再体験できるからだ。

会食は間違いなく私の人生に数え切れないほどの思い出を与えてくれた。「博報堂の回し者」と言われた私が、会食を通じて徐々に信頼を得て、会社を変わった今でもたくさんの戦友とビジネスを共にし、ときには一緒に旅行やキャンプに行くこともある。新入社員時代の自分に、「お前の未来は、お前には想像がつかないくらい最高だよ」と教えてやりたいくらいだ。

さて、ここでもう一度、読者の皆さんに問いかけたい。

会食は「単なる雑務」か、それとも「千載一遇のチャンス」か。

本書を読んだ方には、もうすでに答えが出ているはずだ。

私の人生は、会食によって明かりが灯された。しかし、この本を読んでいる方の中にも、キャリアにおいて自分の不遇を嘆き、人生を呪っている方もいるだろう。かつての私もそうだった。

それでも、人生は選べるのだ。地獄だと感じていた歳月も、時間が経てば、前向きに捉えることができるようになるはずだ。

どれだけ報われなくても、どれだけつらくても、どうか自分を信じて、前を向いてほしい。

これまでの自分を変え、最高の人生を歩めるように。

堂々と未来を選択し、後悔なき人生を。

「想像力と確固たる意志」を身につけたあなたには、できるはずだ。

ビジネスを超え、「最高の思い出作り」をするために、今まで億劫《おっくう》で仕方がなかった会食に少しでも前向きに取り組んでもらえたなら、これほど嬉しいことはない。

本書の執筆を通じて、今までどれほど多くの方にお世話になってきたのかを振り返ることができた。私がビジネスを共にした広告代理店の人々は、どれだけ厳しく、つらい状況でも前向きだった。他者への深い思いやりを忘れず、クライアントや媒体社のために全力でビジネスに取り組んでいた。私は、そんな皆さんと共に働けた日々を誇りに思っている。

また、本書を出す機会を与えてくださった株式会社ダイヤモンド社の皆さん、何よりも担当編集の榛村光哲さんに本当に御礼を申し上げたい。実は榛村さんから書籍出版のご提案をいただいた際、私は業務多忙を理由に断ろうとしていた。榛村さんの情熱と辛抱強い伴走がなければ、本書を世に送り出すことはできなかった。

さて、本書を執筆しているちょうど今、会食を重ねた取引先の方から「飲むぞ!」と一言だけメッセージが届いた。「相変わらずぶっきらぼうだな」と思いつつ、「ぜひ!」と返信をしておいた。このような素敵な関係を築く機会を与えてくれた広告代理店、そして今まで私に関わってくださったすべての方に感謝を申し上げたい。

『ビジネス会食　完全攻略マニュアル』著者・yuuu

［著者］

yuuu（ユウ）

京都大学大学院修了後、新卒で大手広告代理店に入社。

入社当時は競合代理店である「博報堂の回し者」と社内で揶揄《やゆ》されるほどの落ちこぼれであったが、先輩の言葉をきっかけに会食に全力で取り組むように。

百戦錬磨の会食猛者達に揉まれ、最大28回/月の会食を経験。その苦戦苦闘の末に、すべての会食・食事会を誰もが成功に導くことができる、徹底的に実務に即した体系的な会食ノウハウ＝「会食メソッド」を独自に生み出す。会食メソッドをフル活用して社内外の信頼を勝ち得たことで、徐々にビジネス人生が好転。媒体社の新規プロジェクトの立ち上げなど、切望していた業務に携わる機会を手にする。

その後、自らセッティングした会食をきっかけに、念願のスタートアップ企業に就職。転職後も会食を通じて信頼関係を構築した企業から仕事を受けるなど、会食で人生の起点を創り出した。

「会食メソッド」の一部を公開したnote『若手のうちに絶対身に着けたい「ビジネス会食完全攻略マニュアル」』は大きな反響を呼び、noteでは異例の約30万PVを達成。

グルメでもあり、本書特典の「珠玉の会食店/困ったときのハズさない店リスト」は、8年もの期間、ほぼ365日名店巡りを続けてきた記録の集大成。X（旧Twitter）フォロワー数約2万3000人（2024年2月時点）。本書が初の著書。

ビジネス会食　完全攻略マニュアル
——すべての食事会を成功に導く最強の実務メソッド

2024年２月27日　第１刷発行
2024年９月30日　第４刷発行

著　者——yuuu（ユウ）
発行所——ダイヤモンド社
〒150-8409　東京都渋谷区神宮前6-12-17
https://www.diamond.co.jp/
電話／03･5778･7233（編集）　03･5778･7240（販売）

ブックデザイン—山之口正和＋齋藤友貴（OKIKATA）
カバーイラスト—ヤギワタル
本文DTP——エヴリ・シンク
校正————岩佐陸生・三森由紀子
製作進行——ダイヤモンド・グラフィック社
印刷————堀内印刷所（本文）・新藤慶昌堂（カバー）
製本————本間製本
編集担当——榛村光哲（m-shimmura@diamond.co.jp）

ISBN 978-4-478-11894-8

会食メソッド⑦
正式予約と参加者への案内

☑ 電話で話すべきこと

必須情報	確認
①予約希望日時	□
②終了目安時刻	□
③予約人数	□
④フルネーム	□
⑤自分の携帯電話番号	□
追加情報	**確認**
①利用用途	□
②自社名と会食相手の業種	□
③料理やワインの予算イメージ	□
④ホストとゲストの人数、男女別の人数	□
⑤「訪問店を楽しみにしている」という純粋な気持ち	□

会食メソッド⑧
会場の下見

☑ 下見の時のチェックリスト

確認したいポイント	確認
1 駅からのアクセス・最寄りの出口	□
2 タクシーをつかまえやすい場所	□
3 席配置（上座・下座）	□
4 喫煙場所	□
店に伝えたいポイント	**確認**
1 手土産・持ち込む物品情報	□
2 全体の予算感	□
ネガティブチェックポイント	**確認**
1 衛生面	□
2 お手洗い	□
3 BGM	□
4 店員の立ち振る舞い	□
5 携帯の電波が問題なく入るか	□

会食メソッド⑨
手土産・プレゼントの購入

プレゼントのための情報収集リスト

「相手の周辺情報」をメモしておく

- 誕生日
- 家族情報
- 休みの日にすること
- 最近興味を持っていること
- ライフステージ

「相手のお薦め」にチャレンジする

- 映画
- 本・マンガ
- 飲食店
- 観光地
- ビジネス上のアドバイス

会食メソッド①会食の背景/目的の理解・設定

☑ 会食目的チェックリスト

会食の背景		確認
A	ホスト／ゲストの名前と肩書は？	□
B	会食日時は決まっているか？ 決まっていない場合は誰がどのように決めるのか？	□
C	会食を設定するに至ったきっかけは何か？	□
会食の目的		**確認**
D	会食を通して達成したいビジネス目的は何か？	□
E	なぜこのタイミングで会食をするのか？	□
F	会食を設定した場合と設定しなかった場合で何を差として生み出すべきか？	□
G	会食における自分の役割／期待されていることは何か？	□

会食メソッド②参加者全員の日程調整

スケジュール調整メール文例

下記日程にてご都合いかがでしょうか。

会食候補エリア
銀座・新橋エリア周辺を想定 ※9/15(金)17:00までには確定情報をお送りします

会食候補日時
・10/2（月） 19:00以降
・10/4（水） 19:00以降
・10/6（金） 20:00以降

会食時間の確認
当日は何時までに切り上げたいなどご希望がございましたら、お気兼ねなくお申し付けくださいませ。

アレルギー・苦手なもののお伺い
アレルギーや苦手なものがある場合はご遠慮なくお知らせください。

会食メソッド③周辺情報のリサーチ

☑ リサーチチェックリスト

必須情報	確認
1 参加者全員のアレルギー・苦手なもの	□
2 キーパーソンの食の好み	□
3 会食・二次会の金額上限	□
4 ホスト・ゲスト間の費用負担割合	□
5 会食場所の想定エリア	□
6 個室が必須か否か	□
7 二次会の開催確度・準備要否	□
8 指定のビール銘柄の有無	□
9 手土産・プレゼントの準備要否と予算	□

希望情報	確認
1 ゲスト参加者の家族構成	□
2 タクシーチケットの準備	□
3 誕生日・社の記念日情報	□

会食設定の重心「選定基準書」の作成

〇〇社 会食選定基準書

会食目的

競合X社が2か月後に提供を開始する新サービス（自社サービスAの競合）への乗り換え阻止に貢献する会とする

会食の前後で生み出したい差

サービス選定のキーパーソンである塩原本部長との精神的繋がりを深め、①競合X社から現在どのようなアプローチを受けているのか、②現時点の検討状況、③現場から上がる自社サービスAの不満点について情報収集できる関係を構築する

会食日時

12/11（月）19:00-終了未定（二次会の可能性高）

参加者

〇〇社マーケティング部：塩原部長／大和課長／三島次長
自社：鎌田部長／高垣課長／yuuu

予算

会食全体：1人当たり20,000円×6人＝120,000円（税込）
※一次会で1人15,000円／二次会で1人5,000円（税込）の想定
手土産：1人当たり3,000円×3人＝9,000円（税込）想定

会食エリア

大手町・銀座周辺エリアを想定

個室要否

個室ありで選定する

考慮すべきアレルギー・苦手なもの

大和課長が生牡蠣NG。提供されないように念のため会食店には事前に共有する

料理ジャンル方針

フレンチで選定予定（背景：塩原部長がフレンチ好きだと高垣課長にアドバイスいただいたため）

確認希望事項

① 〇〇社は住友系企業のためアサヒビールが置かれている店を選べばよいか
② 二次会の選定はどういった観点で選べばよいか。塩原部長の行きつけの店はあるか
③ 会食が盛り上がり予算超過の可能性が出た場合はどうすべきか。どの金額まで許容可能か
④ 領収書の宛名は会社名、個人名のどちらにすべきか

NEXT STEP

① 高垣課長が、私の提出した選定基準書のフィードバックをする〈11/6（月）まで〉
② 私が、選定基準書をもとに、会食店の選定と空き状況の確認する〈11/7（火）まで〉
③ 私が、高垣課長に会食候補店の提案を行い、会食店の決定をする〈11/8（水）まで〉
④ 私が、会食店の予約を正式確定させる〈11/10（金）まで〉
⑤ 私が、会食店の下見を行う〈11/14（火）まで〉
⑥ 私が、高垣課長に手土産の候補を提案し、合意する〈11/17（金）まで〉
⑦ 私が、高垣課長に二次会の想定候補を提案し、合意する〈11/20（月）まで〉
⑧ 高垣課長が、会食後に塩原部長との打ち合わせを設定。目的達成に向けたヒアリングを行う〈12/15（金）まで〉

※予算は一例であるので、シーンに応じて柔軟に調整いただきたい。

カレンダーブロック更新内容イメージ

■会食日時
12/11(月)19:00-終了時刻未定(二次会の可能性高)

■会食参加者
〇〇社　マーケティング部
塩原部長／大和課長／三島次長

自社　第14営業局
鎌田部長／高垣課長／yuuuプロデューサー

■会食場所
レストラン〇〇
公式サイト:https://www……
電話番号:03-〇〇〇〇-〇〇〇〇
コース料理となります。アレルギー・苦手なものの伝え忘れ等がございましたらご連絡くださいませ

■アクセス・住所
銀座駅B5出口より徒歩7分
東京都中央区銀座1-〇-〇 〇〇ビル3F

■ドレスコード有無
スマートカジュアル(男性はネクタイ不要／ジャケット着用でお願いします)

------------------ 以降は社内にのみ送付する ------------------

■二次会の想定
スナック〇〇を6名で仮予約済。当日塩原部長の要望に合わせて臨機応変に対応予定(スナック〇〇には当日にキャンセルになる可能性を伝えております)

■お渡しする手土産
「ぎんざ空也」の最中を用意する予定です(予約済、12/6〈水〉に購入予定)
その他お勧めの手土産やプレゼント等がございましたら情報共有いただけますと幸いです

上司への会食店提案資料サンプル

目的

12/11(月)19:00〜予定「〇〇社との会食」で利用する会食店を決定する

会食店候補のご提案

	候補①(推奨): レストランA	候補②: レストランB	候補③: レストランC
1人あたり想定予算(サービス料込)	¥14,000〜 ¥16,000	¥10,000〜 ¥13,000	¥12,000〜 ¥14,000
料理ジャンル	フレンチ	フレンチ	フレンチ
会食エリア	銀座駅 徒歩約7分	大手町駅(千代田線) 徒歩約5分	銀座駅 徒歩約3分
個室有無	個室有(利用料5%) ※予算織り込み済	個室有 (利用料なし)	個室有 (利用料なし)
アレルギー・苦手なもの	排除可能	排除可能	排除可能
コース料理orアラカルト	コース	コース	コース
所見	①社内第二営業部〇〇さんが「絶対に外さない店」と太鼓判 ②ミシュランビブグルマン獲得。候補店②、③より価格が高いが各食メディアでも極めて評判が良い	①味・ワインの種類共に申し分なさそうだが、食事のポーションがやや小さそうなのが懸念点 ②候補店の中で最も予算を抑えることができるため、二次会にお金をかけやすい	①以前△△社との会食で利用した店。メインの但馬鴨のロティサリーグリルが美味 ②ワイン(ボトル/グラスともに)の価格設定が高い為、ワインの飲みすぎには注意

参考写真

※候補①〜③の画像を添付(店内全体&個室)

※予算は一例であるので、シーンに応じて柔軟に調整いただきたい。

☑ 店選びの基準

必須条件	確認
1 最重要：会食メソッド④ で合意した選定基準を満たしているか	□
2 参加者全員のアレルギー・苦手なものが含まれていないか。 ないしはリクエストによって排除ができるか	□
3 上司と合意した予算条件に適しているか	□
4 衛生面、雰囲気、BGMが騒がしいなどネガティブなポイントがないか	□
5 携帯の電波が問題なく入るか	□
6 ゲストの好みを押さえられているか	□
7 シンプルに美味しいか	□
希望条件	**確認**
1 「隠れ苦手」に該当しないか	□
2 個室もしくはテーブルの間隔が十分に離れているか	□
3 サービススタッフの気が利くか	□
4 選択理由がストーリーとして語れるか	□
5 座敷以外であるか （足が悪い人に負担をかけてしまうためできればテーブル・掘りごたつの店が望ましい）	□
6 トイレが男女別になっているか（席数が少ない店であれば致し方ない）	□

特別特典

会食メソッド⑤
会食店の選定・空き状況の確認
会食メソッド⑩二次会の準備

珠玉の会食店・困ったときのハズさない店リスト

私が 365 日ほぼ毎日外食生活を送る中で見つけた

- 珠玉の会食店リスト
- 社内飲み/デートのハズさない店リスト（6,000円以下/1人）
- ランチ/一人メシのハズさない店リスト（2,000円以下/1人）

をGoogle スプレッドシートに厳選してまとめたものである。

会食メソッド④
選定基準書の作成→
上司との合意

選定基準書フォーマット

会食の効果を最大化するこの「最強の武器」は、まさに会食設定の重心である。
ダウンロードして日常業務にご使用いただければ幸いだ。

※「珠玉の手土産・プレゼントリスト」も同じシートのタブに搭載している。

11	最終準備	最後の準備まで、徹底した前始末を 「天気予報情報」「プロフィールシート」共有で会食成功に向けた準備を →「リマインドメールに含める内容」
12	当日のマネジメント	ゲストファーストの徹底 戦略的に予算マネジメントをしよう
13	会食中の コミュニケーション	減点されないコミュニケーションの遵守 素直な人柄で「打てば響く」信頼を得る 序盤は「聞く」・中盤は「踏み込む」・終盤は「情熱」
14	クロージング	お店を出ても会食は続いている 二次会の場所は「店を出る前」に確定する
15	翌日対策	「三度のお礼」＋メール すべての結果報告を忘れずに 会食の目的達成に向けてスタートする

会食メソッド⑨手土産・プレゼントの購入

手土産・プレゼントの価値を上げるストーリーアイデアリスト

■ゲストのライフステージに絡める

・お子様の受験
　➡お守り、マヌカハニーを使った食品（お子様の体調管理を意識）

・お子様の運動会
　➡今大切なこの瞬間を収めるためのカメラレッスンのプレゼント

・配偶者の妊娠
　➡ストレスを発散できるリラックスギフト、奥様が喜ぶお菓子ギフト、メモリアルフォト（マタニティフォト）撮影チケット

・配偶者の出産
　➡子ども見守りカメラ、一人の時間を楽しむ癒やしのスパ・エステ体験ギフト、夫婦で新しい趣味を見つけるための体験ギフト

■入手に時間がかかる

・大行列ができている話題の商品
　➡「○○さんのことを思いながら1時間待ちました！」というように伝えるとよい

■限定感がある

・ゲストが好きな料亭の逸品

・「幻の商品」といわれるような入手困難なもの

・ボトル入りの紅茶・日本茶
　➡特にロイヤルブルーティーは名入れラベルのサービスがあり重宝する

・つくりたてのクラフトビール
　➡工場のつくりたてを自宅まで直接配送してもらえるものがある

■自分の地元に絡める

・地元で人気があるが有名すぎない名物
　➡例：○○出身だからこそわかる「知る人ぞ知るプレゼント」などが望ましい

■会社の「想い」に絡める

・B to Cの場合、自分が開発に関わった商品

・ゲストが大切にしたい関係者からのメッセージ動画
　➡スマートフォンなどで見せて後で動画を送るとよい

■シーズンに絡める

• クリスマス
• バレンタインデー
• ホワイトデー
• 七五三祝い
• 夏 ➡ 特に夏は、思い出を作るためのこだわりの国産手持ち花火（線香花火）などを送るとご家族を持つゲストの印象に残りやすい

■周辺情報

• ゲストがSNSに投稿していた好みのウイスキー
• 名入れ彫刻ありのボトルに入ったウイスキー
• 誕生日にちなんだワイン
• ゲストに贈りたい言葉が外箱に書いてある紅茶
  ➡ ムレスナティーのcube boxにはかわいらしいメッセージが書いてある
• ゲストの好きな曲のオーダーメイドオルゴール
  ➡ オルゴール単体だと弱いので何か別の手土産・プレゼントと抱き合わせにするとよい
• 時計好きなゲストに対して時計の皮ベルト
  ➡ 相手の時計のモデルがわかる場合。金属ベルトしかつけていなければ気分転換にどうぞとお渡しするとよい
• ゲストが好きな日本酒・ウイスキーを使ったチョコレート
  ➡ 獺祭・山崎・白州など

特別特典

珠玉の手土産・プレゼントリスト

何度も会食の手土産・プレゼントを選び続けてきた私が紹介する至高のリスト である。

一般的に喜ばれやすいものを厳選しているが、実際はゲストの特性に応じて選んでいただきたい。

※「珠玉の会食店・困ったときの『ハズさない店』リスト」も同じシートのタブに搭載している。

注：会食メソッドの以下の図版については、使用するシーンが限られているためこの一覧には掲載していない。
　必要に応じて本書の該当ページをご参照いただきたい。
・招待状サンプル（会食メソッド⑦正式予約と参加者への案内）P156
・プロフィールシートのイメージ（会食メソッド⑪最終準備）P199　・格付けチェック問題例（忘年会完全攻略）P330
・1970~80年代生まれの世代が喜ぶ歌手・曲リスト　男性歌手編・女性歌手編（カラオケ完全攻略）P358、P359

5	会食店の選定・ 空き状況の確認	社内に必ずいる「有識者」に当たろう →「店選びの基準」 →「珠玉の会食店・困ったときの『ハズさない店』リスト」
6	上司への提案 →承認の獲得	**上司が心強い味方に変わるプランニング** 仮説を持って「確固たる意志」で臨み、予算リスク説明 →「上司への会食店提案資料サンプル 」
7	正式予約と参加者への 案内	**参加者から一目置かれる情報提供** トラブル回避のために店に「自社名と会食相手の業種」を伝えよ →「電話で話すべきこと」・「招待状サンプル」 →「カレンダーブロック更新内容イメージ」
8	会場の下見	**下見はチェックリストで万全に仕上げる** サービススタッフは強力な味方だ →「下見の時のチェックリスト」
9	手土産・プレゼントの 購入	**手土産に「価値あるストーリー」を込めよ** ゲストを究極まで想像し、手土産とプレゼントを使い分ける →「プレゼントのための情報収集リスト」・「珠玉の手土産・プレゼントリスト」 →「手土産・プレゼントの価値を上げるストーリーアイデアリスト」
10	二次会の準備	**二次会設定という最大の壁を乗り越える** 「よき顧客」として店と「貸し借り」を作れ →「珠玉の会食店・困ったときの『ハズさない店』リスト」

会食メソッド　事前準備の徹底こそがすべての成果に直結する＝常に「前始末」を徹底せよ

会食メソッド　全体フローチャート

1	会食の背景／目的の理解・設定	**目的なき会食は存在しない** 会食の前後で差を生み出せ →「会食目的チェックリスト」
2	参加者全員の日程調整	**日程調整は1秒たりとも寝かせてはならない** 人数が決まらない場合は「最大人数を仮置きして前に進め」 →「スケジュール調整メール文例」
3	周辺情報のリサーチ	**情報を制するものが、会食を制する** 「会食前提条件」をすべて洗い出せ →「リサーチチェックリスト」
4	選定基準書の作成 →上司との合意	**会食の効果を最大化する「最強の武器」** 選定基準書提案前に「自分の宿題をやり終える」 →「会食設定の重心『選定基準書』の作成」
		会食店の選定はスピード勝負

リマインドメールに含める内容

会食日時
12/11(月)19:00〜終了時刻未定

会食参加者
〇〇社　マーケティング部
　塩原部長／大和課長／三島次長

博通広告社　第14営業局
　鎌田部長／高垣課長／yuuuプロデューサー

会食場所
レストラン〇〇
　公式サイト:https://www……
　電話番号:03-〇〇〇〇-〇〇〇〇
　銀座駅B5出口より徒歩約7分
　東京都中央区銀座1-〇-〇 〇〇ビル3F
　※コース料理となります。

ドレスコード有無
スマートカジュアル
(恐れ入りますが当日はジャケットのご着用をお願いします)

当日の天気予報 (12/7〈木〉10:00 時点)
雨時々曇り(降水確率約 70%)
※雨の可能性が高くなっておりますのでご注意ください

確認希望事項
以下に該当する場合は、本日12/7(木)中に私yuuuまでメールまたは電話(090-XXX-XXXX)にてご連絡いただけますと幸いです。特に該当しない場合、ご返信は不要です。

①参加が難しくなった
②到着時刻に遅れる可能性がある
③当日参加者の追加・変更を希望したい
④アレルギー・苦手なものの伝え忘れ

※すでにご要望を承っているものについては店側にお伝え済です。